大夏书系·全国中小学班主任培训用书

钟 杰 ● 著

治班有道
——班主任智慧手册

华东师范大学出版社

目录

自序·没有什么比学生的未来更重要 / 001

第一辑·用心呵护孩子的心灵

1. 玩人丧德 / 003
2. 受人之托，忠人之事 / 006
3. 做自己的主角，当别人的配角 / 008
4. 把孩子的心藏进他的爱好里 / 011
5. 用孩子的最爱去牵制他的心 / 013
6. 老虎逗驴 / 016
7. 我是一只受伤的小小鸟 / 019
8. 你是我们心中的重要他人 / 023
9. 送你五颗心 / 025
10. 给孩子制造信任他人的机会 / 028
11. 当别人说你不行时怎么办 / 031
12. 擦拭孩子心灵的尘埃 / 034
13. 用生命滋润生命 / 038

第二辑 · 招招都是情，情到深处即无招

1. 气焰，在老底揭破时灭了 / 043
2. 将计就计惩顽徒 / 046
3. 杀鸡骇猴 / 048
4. 师生斗法 / 051
5. 不爱，才是一种爱 / 054
6. 装聋作哑 / 057
7. 装 / 060
8. 送你一面照妖镜 / 062
9. 用家长会的余威管住学生 / 065
10. 抓住软肋插软刀 / 068
11. 变形记 / 071
12. 爱不厌诈 / 074
13. 对待刁蛮学生之刁蛮招 / 076
14. 巧治拖拉大师 / 080
15. 给他戴上一个十字架 / 083

第三辑·点滴在心的交往才会赢得朋友

    1. 孩子，有些话不必说出口 / 089

    2. 别把自己太当一回事 / 092

    3. 把话说到别人的心窝里 / 096

    4. 随声附和，巧妙熄火 / 100

    5. 孩子，请看护好你心中的手榴弹 / 103

    6. 把带刺的话变成花儿送给学生 / 106

    7. 把进攻的话说成退让的话 / 108

第四辑·浪漫的季节有一个浪漫的你

    1. 不要轻易给孩子贴上早恋的标签 / 113

    2. 真情离间计 / 116

    3. 优雅地转身 / 119

    4. 把开花的时间延迟 / 124

第五辑·那些摇曳生姿的花儿啊

1. 我为女生撑腰 / 131
2. 这一巴掌打得好 / 135
3. 传女不传男 / 138
4. 每朵花都有绽放的理由 / 141
5. 越是开得艳丽的花越要小心保护 / 144
6. 班里来了个小燕子 / 147
7. 请不要轻易打破信任机制 / 149

第六辑·三个男生三台戏

第一台戏　进步之星

1. 总有一条道路能够抵达心灵 / 156
2. 两败俱伤 / 159
3. 孩子，请降低自己的生命成本 / 162
4. 爱在忽悠中 / 165
5. 不是所有的秘密都需要保守 / 169
6. 来而不往非礼也 / 171
7. 进步之星 / 174

第二台戏　冰冻三尺

1. 填补爱的缺空 / 177
2. 把他冻在冰箱里 / 180
3. 找到打开心门的按钮 / 182
4. 冰冻之后的翻晒 / 184
5. 新版"借刀杀人"记 / 187
6. 再次冷冻 / 189

第三台戏　凤凰涅槃

1. 一个看《狼图腾》的孩子 / 192
2. 用书籍丰盈孩子的心灵 / 194
3. 他为什么爱惹事 / 197
4. "咬"你要商量 / 201
5. 换一种心态，获得的就是另一种人生 / 205
6. 凤凰涅槃 / 207

第七辑·与教育有关的那些事儿

1. 教育，不能没有疾言厉色 / 211
2. 教育，有时需要转个弯 / 214
3. 教育，不是每一件事都需要说理 / 217
4. 教育，有时也需要感情"挂帅" / 220
5. 教育，是一场持久战 / 223
6. 教育，是需要等待的 / 225

后　记 / 227

自序 | 没有什么比学生的未来更重要

《治班有道——班主任智慧手册》是我的第一本教育专著，它就像我的第一个孩子，被我百般宠爱。写这本书时，我还是一名从农村到城市寻求发展的籍籍无名的女教师。十多年过去了，我不仅是一名全国优秀教师，而且是深圳教师群体的专业代言人。再回头来读这本书，我仍会被书中的故事吸引，会被我自己的做法感动，甚至拍案叫绝。我特别庆幸的是，不论我的教育之路走得有多远，我的教育初心都不曾改变，那就是：没有什么比学生的未来更重要！为了学生的身心能健康成长，为了给学生的未来铺垫出积极的人生底色，我始终在基础教育第一线担任班主任，并且乐此不疲，逐渐活成了自己喜欢的样子。在此，我要大声地向所有年轻班主任推荐这本书：

虽然它的文笔显得稚嫩，但字里行间饱含真诚，值得一线班主任在夜深人静时用心品读；虽然它的教育理念显得朴素，但做法有效且接地气，值得一线班主任借鉴模仿；虽然书中的故事都发生在十几年前的孩子身上，但所有的故事都在当下的学生身上重演。就算过去了十几年，就算我已成为全国知名的班主任，并在班主任领域享有一定的话语权，但我仍然认为这本书里的理念和做法值得现下的班主任借鉴、学习。它是一本来自最一线、最真诚、最实效的班主任工作参考书。

每次翻阅这本书，我都会想起那段追梦的精彩人生。正是那段追梦岁月，让我找到了教育的多种可能，也让我看到了更加辽阔的关于教育的世界，更让我在教育这条路上越走越远，越走越敞亮。

2008年5月12日下午2点28分，我经历了骇人听闻的汶川大地震，亲眼见证了生命的脆弱与灾难的可怕，很多以前放不下的执念一下子就豁然洞开并且放下了。

我的脑海里浮现出一个新的念头：我要离开四川，离开我温暖温馨的家，去远方寻找我喜欢的教育人生。我要过一种经由我选择的教育生活，不管这种生活是好，还是不好，都必须是我选择的。

于是我把前行的目的地锁定在海南的海口市。为什么我要去海南逐梦？因为我的小学地理老师曾在我的内心深处种植了一个梦想。这个梦想一直萦绕在我心间，多年不曾散去。

我的小学地理老师有一天在课堂上说："生活在海边的人特别幸福。他们若想吃鱼了，这边架上锅烧着水，那边拿着瓢去海里舀，一舀就是一瓢鱼，鱼儿舀回家，锅里的水还没烧开呢。"我听到这段话时就特别神往，总想着有朝一日一定要去海边，亲自拿着瓢在海里舀一瓢鱼。感谢小学地理老师给我种植的梦想，才能让我见到一个更大的世界，否则，我就变成一只坐井观天的青蛙了。也正是这个原因，我喜欢把我的班级打造成一个造梦空间，而我，就是那个"造梦师"。

2008年8月21日凌晨5点，我背着一个二手电脑，拖着一个破旧的行李箱，身旁跟着11岁的儿子，在昏黄的灯光照射下，辞别家人，离开温馨温暖的家，开启了我人生中真正意义上的第一次远行——从四川到海南，历时三天，历经三千里江山。

我和儿子从成都登上K139次列车，途径简阳、资阳、内江等二十多个火车站，到达广西的南宁。到了南宁，已是8月22日晚上10点了。南宁对于现在的我来说，是一个非常熟悉的城市。这座城市还有不少同行是我的朋友。我若是现在到了南宁，一定能找到好几个可以管我吃住的朋友。但对于2008年的我来说，南宁就是一座特别陌生的城市，尤其是在灯光闪烁的夜晚，我置身于南宁这座陌生的城市，完全找不到方向。我以为到了南宁，海口就近在咫尺了，一打听，才知道海口比我想象的远好几倍。不仅要坐汽车，还要坐海轮，预计在 24 日凌晨才能到达海口。

在南宁休息了一个晚上，8 月 23 日，我与儿子乘卧铺大巴到广东徐闻的海安码头。在大巴上坐了 10 多个小时，我腰酸背痛、头晕眼花，但我必须装得心旷神怡，意气风发。俗话说"女子本弱，为母则刚"，我现在既担母职，又尽父责。那么我在儿子面前必须是一座巍巍山脉，他才会有足够的安全感。

现在的海安码头于我可不陌生，我去徐闻县讲过好几次课，也曾去海安码头游玩过。可在 2008 年 8 月 23 日晚上，海安码头对我来说，就是闻所未闻，还有那股咸湿的海风味，闻着就一阵反胃（这与坐了长时间的长途汽车也有关）。

几经周转，我和儿子终于坐上去海口的轮船，吹着海风，听着海浪，尽管已是深夜，我还是很兴奋，拿出相机让儿子给我拍照。现在我会经常欣赏那张渡轮上的照片：穿着朴素，一看就是个没进过城的农村女子，但非常的自信、笃定；眼神虽然迷茫，但非常坚定，不管前方的路是什么，都会义无反顾地走下去。

2008 年 8 月 24 日凌晨 2 点，我和儿子终于到达海口西站。在老乡凡安才老师（现在已是凡校长了）的迎接下，来到了海口市景山学校海甸分校。至此，开始了我的教育航海，我与一群陌生的孩子眼神相遇，演绎了一出出或悲伤，或喜悦，或成功，或失败的精彩故事。

这些故事就分布在《治班有道——班主任智慧手册》里。我还记得当初我以"教育航海记"为主题，把我在海口与学生之间发生的点点滴滴写出来发布在《班主任之友》教育论坛上，引发了网友们的一片热议。

有人说我一腔孤勇，一个农村女教师，将近 40 岁了，竟然敢抛下温馨的家庭，带着儿子南漂，这得多大的勇气，才敢"离家出走"啊。有人称赞我勇敢无畏，为了追逐自己的梦想，不怕一切困难，说走就走,实在是大勇大德。也有不少网友担心我一个农村女教师到了城市,被一群城市"文明小野兽"欺负,届时会哭着鼻子掩面回乡。当然也有一些说风凉话的网友,说我不安于现状,总想脱离农村去追求城市里的生活。点赞的,我都收了,为自己攒下前行的勇气。讽刺的,我都屏蔽了,我为农村学生奉献了17年最美的年华,接下来要去追求我想要的教育生活,我问心无愧。

在海口市景山学校海甸分校,我接手了新初一的语文教学和班主任工作。我有了自己的班级,心满意足了。我与学生为新班级取名"奋进班",我要与他们一起奋进。

《治班有道——班主任智慧手册》一共七辑,每一辑讲述的都是我与"奋进班"学生的故事。整本书用的都是教育叙事的写法,通过班级叙事来研究育人的方法和策略,促进学生健康成长。

第一辑讲述我对"奋进班"每一个学生的心灵呵护。育人重在培根育心,"育心美心"是我一直坚持的教育理念。我想要追求的育人结果,正如费孝通老先生所说:"各美其美,美人之美,美美与共,天下大同。"

第二辑讲述我对奋进班学生如何"用招"。看似是一些"治人"的招数,实则是情到深处,招招有情,情深无招。一切都出自我真诚的本心,把每个学生的成长都当作我的"国家大事"。那些曾被我招数"制裁"过的学生,事后都很感激我。比如《气焰,在老底揭破时灭了》一文中的尤玖(化名),抽烟、喝酒、斗殴、沉迷网络,被多所学校开除,无书可读,无校可进,才花高价钱进了海口市景山学校海甸分校这所民办学校。新初一其他班级的班主任都拒绝尤玖进班,最后尤玖成了我的学生。我接受尤玖本来的样子,不放弃,不抛弃,给他充足的师爱,也给他足够的信任,当然,对他也有明确的要求。各种常规的、非常规的教育方法都用在了他身上,尤玖一天天进步了。第一学期结束,他竟然高票当选"进步之星",站在高高的领奖台上,尤玖捧着奖状,流下了激动的泪水。尤玖在他的QQ好友印象里这样描述我:黑暗里的一盏明灯。我离开海南时,尤玖向我保证,他绝不会再变坏了,他一定会努力学习，成长为一名真正的男子汉，然后到四川来找我。

第三辑讲述我如何指导"奋进班"学生与他人建立健康的人际关系。个体心理学家阿尔弗雷德·阿德勒说，一切烦恼，都是人际关系的烦恼。尤其是未成年人，他们的心智尚未成熟，对自我的准确认知也很缺乏，他们主要依靠外在评价来认识自己。因此，拥有健康的人际关系，有稳定的朋辈关系，对学生的成长极为重要。优秀的班主任，本身就应该是一个优秀的人际关系专家，必须指导学生得体表达，正确交友，建立健康的朋友圈。

第四辑讲述我对"奋进班"的学生进行情感引导。进入青春期，亲情、友情已经不能满足学生的情感世界，他们还需要爱情来填充情感空缺。但是，刚刚迈入青春期的学生，身体发育提前，心理发育滞后，他们的经历、阅历，以及认知都不足以支撑起他们处理两性感情的能力。因此，在主观上，我是不赞同学生在青春期谈恋爱的，但他们的身体又在分泌性激素，堵不如疏，回避不如面对。因此，我就利用班会课、自习课，或者在学生的宿舍里，对学生进行两性感情指导，学生很有兴趣，效果也非常好。

第五辑和第六辑讲述我如何分性别教育学生。这其实就是我的"男女生青春课程"的雏形。我在处理男女生问题时，一定会尊重学生的性别差异，照顾男女学生的不同感受。这样一来，学生对我的指导就不抗拒，配合度很高，教育成本低，效果却很显著。我离开海口返回四川时，"奋进班"的学生才上初二，他们哭得昏天黑地，特别舍不得我离开。甚至还有学生说，如果我不教他们，他们就辍学。我花了近3个月时间，才把"奋进班"学生的心理建设搞好。

第七辑则是陈述我对教育的理解，也是我的教育理念的形成过程。大家读完这一辑，就知道我之所以能够在班主任领域取得一些成就，并非一蹴而就，而是在长期积累、长期反思、不断阅读、不断实践、不断写作的过程中形成的。

很多年轻老师在实际工作中，觉得班主任特别难当。其实，只要真心爱学生，对学生真诚以待，再辅以正确的方法，就能轻轻松松当好班主任。《治班有道——班主任智慧手册》虽然是十多年前的书，但它一点儿都不过时，里面的很多育人理念现在看来，还很超前。因此，它值得所有年轻班主任拥有。这个"年轻"，既指初入职场的年轻教师，也指初当班主任的老教师。总之，只要你是班主任，捧起这本书，你就会有很大的收获。我作为本书的作者，以及长期耕耘在教育第一线的班主任，有底气说这句话。

是为序！

钟杰

2022 年 10 月于深圳

第一辑 | 用心呵护
　　　　孩子的心灵

一个人，之所以能够无怨无悔地活在人世，那是因为这个世界有爱，他眷恋这份爱，这份爱会给他无穷的生存力量，不论前路是风雨还是雷电，都挡不住他前行的路。可是，很多孩子，明明生活在爱的包围中，却想四面突围，总认为这些爱不过是挡住他们自由放纵的高墙。为什么他们生活在爱的蜜罐中却认为自己没有得到爱呢？作为班主任，我们又该怎么做呢？

1. 玩人丧德

> 孩子是一棵嫩芽,他的心还没长大,他的内心世界稚嫩得如一棵刚冒出土的青菜芽。这个时候,班主任的帮助是至关重要的。

昨日对李改与几个孩子之间的纠纷暂时没做处理,一是因为时间不允许我立即处理;二是因为雨大风大,应先顾及所有孩子的安全;三是事情的原委还没弄清楚,不能贸然处理;四是几个惹事的孩子看见李改做出罢课罢餐的行为,心中也怕了,不妨让他们怕得久一点,让他们长点记性。于是我安抚李改说,你先别着急,老师要把事情弄清楚,周三的班会课上,一定会给你公道。李改听我这样说,安静下来,不再言语,把头伏在桌面上,眯缝着眼睛,仿佛是一个有气无力、身患重病的小老头。

本来这是一件小事,完全可以模糊处理,犯不着把事情弄大。男孩子嘛,哪有不和同学磕磕碰碰的?再说了,我以为男孩子之间有点小打小闹,不但无伤大雅,反而可以让他们学会与别人进行肢体接触时的轻重缓急。但是,他们今天碰到的主儿是李改,我就不得不认真对待了。为什么呢?

其一,李改个人认为,他受到了欺负,特别的委屈。

其二,李改不善于言辞,不善于交际,因此在班级里还没有朋友圈子。

其三,李改嗜睡,常沉浸在漫画世界中,不听课,不做作业,独来独往,一些孩子看不惯他,老想欺负他。

其四,李改的心扉紧闭,老师和朋友很难走进他的心里。

其五,李改的心智世界很稚嫩,与班上那些心智发育正常的孩子差了一大截。

也就是说,李改是一棵嫩芽,他的心还没长大,他的内心世界稚嫩得如一棵刚冒出土的青菜芽。如果我不重视,不帮他做主,不帮他排除这些纠纷，那么他今后的日子是很难过的。而且，我要想打开他的心扉，走进他的内心，也会更加困难。

早晨进教室跟班时，李改再一次问我，您什么时候处理那件事？我说，上班会课时好不好？李改没有言语，坐下去，眼睛里显出一股古怪的神情。我明白他心里不悦，多半是觉得我在推诿，不想帮他。

对一个开朗的孩子，你就是把这件事拖上两三天，他也不觉得有多受伤，但是李改不会这样。因此，我不打算拖到班会上了，再说班会还要上一堂"学会生存"的课呢。

于是做全面调查，竟然发现有六个孩子参与了欺负李改的行动。问他们动机，都说是开玩笑，也就是觉得好玩。而且他们还振振有词地说，大家都这样玩，看谁好玩就玩谁。事实上，他们是看谁老实、谁弱势就玩谁，对那些个高体壮的，或者活泼好动的，或者成绩较好的，他们是万万不敢玩的。孩子嘛，玩玩也无妨，但他们竟然"玩人"！我心里顿时觉得不爽，不能让这样的观点扎根在他们的心里，我必须帮助他们拔掉！

第一节课，是我的语文课。我没立即叫学生打开语文课本，而是在黑板上写下"玩人，玩物"四个字。然后沉声说道，昨天，凡是在肢体上或者精神上欺负了李改的同学站起来！话音刚落，六名学生站了起来。看我脸色严肃，他们一个个都低着头站得笔直。我厉声说道，我平生最恨的行为就是"伤自己的兄弟，毁自己的家园"！有句俗话说得好，"兔子不吃窝边草"，你们竟然把矛头指向本班同学，而且是老实本分的李改！有些同学竟然还认为"玩人"很有趣。那么我告诉你们，中国有句老话叫作"玩人丧德，玩物丧志"！今天，我要明确地告诉你们，我们的班级，绝对不允许内讧，也绝对不允许以强凌弱！我们需要的是彼此尊重！因为每一个人都该有尊严地活着！按照学校的德育考核，这六位同学每人必须扣德育积分3分。另外，按照班规要求，必须向李改道歉！

李改听完我的处理意见，脸上露出了一丝笑意。我不容大家有议论的机会，立即又补允道，李改虽然昨天受了点委屈，但他不向老师反映，而是逃课，甚至晚餐不按时到餐厅，害得我们大家着急，蹚着积水到处找。我们一码事算一码事，李改逃课，按照考核标准，扣除德育积分2分，请班主任助理做好记录！

一件同学纠纷就这样排除了，也许与魏巍笔下的"蔡老师排除孩子世界的纠纷"相比,实在是缺乏艺术和爱心,但是,这样的事情,我们岂可以爱心相论?一个多月了,难道这些学生不知道我是爱护他们的?或者说,他们真的不知道欺负同学是错误的?或许,这一切他们都知道,只是,在具体操作时却随心所欲。因此,教育除了爱之外,还得有公正、公平且严格的规章制度。制度虽然是冰冷的,但如果教师能够将爱心如春风化雨般地融合在冰冷的制度中,我想,学生是乐意接受的。

2. 受人之托，忠人之事

> "不抛弃，不放弃"，不仅仅是普通士兵许三多的做人信念，更应该是广大教师的教育信念。

湖南籍的男孩今天来了，他叫田心，小个子，看起来很有灵气。因下楼时摔倒致使左脚踝骨周围的肌肉受伤，所以只能用右脚跳着走路。

一个受伤的孩子，又新来乍到，对他而言一切都是陌生的，因此，我们必须向他靠近，否则，他的心会受伤。

我把孩子安顿好后，首先是和他在语言上靠近。我说，田心，你别着急啊，一切都有老师呢，在教室，有我，在宿舍和餐厅，有生活老师，你有什么需要，开口就是，我们都会毫不犹豫地帮助你的。田心怯怯地点了点头。随后，我当着全班同学的面说，我把田心交给尤玖，请他帮助田心，大家觉得怎样？我相信他是不会负我所托的，是吧？说完，我用征询的眼光看着尤玖。尤玖迟疑了一下，随即点头表示答应。我笑着说，受人之托——

忠人之事！孩子们大声地接口。我呵呵笑着，说，是啊，这个道理你们都懂得，我就不再解释了。

但是，我到底不敢完全相信尤玖，他的坚持性实在太差了，因此，我又私下悄悄叮嘱吴其留心，万一尤玖忘记了，要立即补位。交代完毕，就去办公室批作业了。

中午，我去餐厅，看见尤玖正搀扶着田心慢慢地向餐桌方向走来。我笑着点头，朝尤玖竖起大拇指。

下午第四节课是自由活动，尤玖撒开脚丫子就跑到球场玩去了。他这一去，就如赵巧儿送灯台——有去无回！田心被晾在了教室。好在我有先见之明，吴其及时补了尤玖的空缺，把田心扶到了餐厅，在他用完餐后又把他扶回了教室。

尤玖是这样的不可靠，而我为何还要把田心委托给他呢？说来有一些根由。

尤玖这个孩子虽然有一些恶习，但他始终有一颗善良的心，且心地光明。上学期我几乎每周都要批评他，甚至还饿过他，但他始终没记着我的不好，也从不在私下诋毁我，更不会设计伤害某位同学，他只是一个自由散漫、没有规范意识、缺乏责任感的孩子。因此，我很想寻找机会培养尤玖的规范意识和责任感。恰好体育委员贾亮因假期时扭伤手腕在家休养，于是我就叫尤玖代替贾亮，负责这几天的就餐就寝纪律。

尤玖非常乐意地接受了我的安排，并且做得有模有样。昨天，我拍着他的肩头表扬他，我真没看错人，我对我的眼光历来很自信！尤玖听罢，一脸阳光地看着我。我马上抛出诱饵，说，其实你可以加入到班干队伍中来啊，不过，先要做出事情来给大家看看，只要让大家承认你尤玖也是一个能做事、会做事的人，那么，今后我要提你做班干，同学们就不会反对了。尤玖点了点头，但目光迷茫，信心不足。我拍拍他，语重心长地说，换一种生活方式吧，你完全可以自己争取，而且你也有能力争取到。尤玖重重地点了一下头，"嗯嗯"地应声。

晚修时，我到教室，有点虚张声势地对大家说，我今天要表扬人。孩子们很纳闷，望着我。我笑着说，我要表扬尤玖，中午的时候，他果真不负我所托，把田心扶到餐厅用餐。尤玖听到我表扬他，神色颇为得意。见状，我心里暗笑，等着吧，马上要降温了。看尤玖正沉浸在得意之中，我又说，我现在要批评人。孩子们又不解地看着我。我正色道，我要批评尤玖，今天晚餐时，他竟然玩忽职守，忘记了自己的责任，把田心晾在教室，独自玩耍去了。尤玖立即低下头，蔫了。

下了晚修，我带着八一班的孩子回宿舍，扭头看见尤玖与王春扶着田心，一蹦一跳地向宿舍走来。

"不抛弃，不放弃"，不仅仅是普通士兵许三多的做人信念，更应该是广大教师的教育信念。尤玖这个孩子，给我带来了许多麻烦，但我从没想过要抛弃他。改变他身上的缺点，犹如穿着装有沙子的鞋行走，既慢又痛，但我从没想过要放弃他。一个顽劣的学生，只要老师不放弃，寻找或者创造各种机会让他看到希望，然后成全他，让他通过自己的行动去达成希望，那么，他总有回归正途的时候。

3. 做自己的主角，当别人的配角

> 教育痕迹越明显，教育的效果就越不明显。

虽然全班同学都找到了事做，但一些做了组长的孩子不能坦然面对，做事被动、畏缩，问为什么，他们支支吾吾地说官太小，不好意思管别人。

原来，这些孩子不甘当配角。我不想给他们说一番大道理，因为我知道，教育痕迹越明显，教育的效果就越不明显。那么，我该怎么做呢？

第四节是课外兴趣活动，要么是组织学生搞活动，要么是将学生留在教室里做作业。而我，一般是给学生讲故事。这次，我何不利用这节课给学生讲一个故事呢？把当好配角的道理渗透到故事中去，或许学生就不会抗阻了。

于是，我讲了乔丹与皮蓬的故事——

乔丹就像一座丰碑，给后人立下了难以超越的标尺。而皮蓬，作为乔丹的辅助者，凭借自己全能的表现入选 NBA "50 大巨星"。可见，他也同样地伟大。可是如果没有乔丹，皮蓬会是什么样子？也许有人会说，以皮蓬全面的技术及其大局观来看，他完全可以成为一名伟大的球员。但事实并没有这样简单。

皮蓬刚进入 NBA 时，就被交换到公牛队。那时，公牛队虽还未击败活塞，还未打入总决赛，甚至还与骑士在季后赛进行纠缠，但此时的公牛绝对是东部的一支劲旅。当时，皮蓬还很稚嫩，打了一年的替补，他与超级巨星之间还有很大的差距。他不像乔丹和詹姆斯那样一鸣惊人，也不像麦迪那样突然爆发。他是缓慢而持续地成功的。究竟是什么使得皮蓬越来越强大呢？当然，他自身的努力是很重要的一个原因。然而，有一个更大的力量在推动着他的成长，那就是迈克尔·乔丹——篮球历史上最伟大的球员。乔丹对自己和队友要求都十分严格，他不允许自己和队友犯一点点错误，同样也十分严格地要求皮蓬这个新来的"小弟弟"。他看到了皮蓬的天分，也看到了皮蓬的潜力，因此对皮蓬更加严格。后来与乔丹"单挑"成了皮蓬每天的"功课"，而这种待遇是很多球员梦寐以求却得不到的。皮蓬就是在与乔丹的训练中不断地成长、进步，并最终成了历史上最全面的全能型锋线球员。这就是皮蓬，一个生活在乔丹影响之下的伟大巨星。

再来看乔丹。乔丹自从1984年进入NBA以来，一直奉行着"单打独斗"的套路。其实，乔丹并不是所谓的独、不传球，他的助攻也是相当可怕，有一个赛季，乔丹就是在公牛队组织后卫的位置上。乔丹的"独"缘于他对队友的不信任。从1984年到公牛队至1990年第一次夺冠这段时间，乔丹真正能够信赖的队友只有格兰特与皮蓬等极少数的几个人，而皮蓬是后来才成长起来的。可见，在当时的公牛队，乔丹能够完全信赖的人几乎没有。所以，乔丹自己完成进攻是最好的选择。后来菲尔·杰克逊接替道格·柯林斯，成为公牛队的主教练。人们几乎都认为是杰克逊教会了乔丹把手中的球传给队友。当然，皮蓬的成长也促成了乔丹的"转型"。1989—1990年是皮蓬在NBA的第三个赛季，无论在心理、战术意识，还是技术上，都已经基本成熟，同时，他已经成为乔丹的左膀右臂，一个值得乔丹信任的人。这也是乔丹开始传球的一个重要的原因。不过，这也使皮蓬与乔丹的关系变得更加复杂。

所以，乔丹与皮蓬其实是相互促进、相互衬托的。可以说，如果没有乔丹，也许皮蓬就不能进入NBA"50大巨星"的名单，甚至不会成为一名优秀的球员。而如果没有皮蓬，乔丹有可能只是多米尼克·威尔金斯二世。也许他们将失去他们的六枚金灿灿的总冠军戒指，就算不会完全失去，起码也会失去其中的大多数。乔丹就像海水，他给了皮蓬成长的条件，也为皮蓬的成长提供了充足的养分。而皮蓬正是因为有了这片海水，才最终从一尾小小的鱼苗成长为一条强壮的大鱼。然而，也正是因为有了皮蓬这条大鱼，才有了乔丹这片海水灿烂辉煌的波澜。乔丹也在皮蓬的帮助下捧得了一个又一个的总冠军奖杯。

总之，先有水，而后才会有鱼。没有鱼的水往往是一潭死水，而没有水的鱼只能是一条死鱼罢了。只有"乔丹+皮蓬"才能够创造两个三连冠，也只有"乔丹+皮蓬"才能创出72胜10负的NBA联盟历史最佳战绩。

我之所以选这个故事，是因为它自始至终都没提到"主角"与"配角"的关系。但是，听完故事，谁不明白，皮蓬就是一个配角呢？一个配角也当得如此辉煌灿烂，当得如此酣畅淋漓，当得如此惊心动魄！

人生没有永远的配角。当需要我们去做配角的时候，我们就要心甘情愿地把这个配角做好，因为一个连配角都做不好的人，怎么可能做得好主角呢？学生当然不可能像一个在社会上历练多年，心境趋于平和的中年人那样淡定，但作为教师，还是要适当地在学生幼嫩的心田里播下一些"甘为人梯，甘当配角"的种子。不然，某一天，当他们做不了主角而又不能面对当配角的命运时，他们会失落、痛苦，会怨天尤人。

4. 把孩子的心藏进他的爱好里

> 爱好就是孩子们的天空，或者是他们精神世界的唯一，一旦坍塌或者被毁，那么，他们的整个世界也就毁了。

今天穿上了一件从四川带来的韩版褐色格子职业装，还淡淡地修了一下眉。到了教室，孩子们齐声说道，哇，好漂亮！我嘴都笑歪了，说，嗯，我就喜欢这样的赞美，谢谢！蕊蕊还悄悄附在我耳边说，老师，你至少年轻了十岁。

接着王定改就问我，老师，你多少岁了？我头一歪，笑道，不告诉你，女士的年龄是要保密的。

于是，下面猜测之声四起。

有的说，二十多岁；有的说，三十多岁。但更多的人说二十多岁。我笑着否定：哪里，哪里，我儿子都快十二岁了，我才二十多岁，这说得过去吗？

马上就有人回答，说得过去啊，早婚啊！我笑着回答，早婚啊，我愿意，但我国规定女的要满二十岁，男的要满二十二岁才能登记结婚。王春马上补充道，俄罗斯十五岁就可以结婚了，我要移民到俄罗斯，早点结婚。于是，大家纷纷转向王春，叫道，哇！王春想结婚了！王春要讨老婆了。我也打趣道，真的？王春，你心里已经物色好人了吗？我可以给你爸爸透露啊，叫他赶紧帮你申请移民俄罗斯的证件啊。哈哈，教室里的笑声如一条欢腾的溪流。王春呢，羞了个大红脸，脸上的小痘痘仿佛也扭捏起来了。

一时之间，快活的空气充满了整个教室。

呵呵，原来这群孩子心里已经有了男女之间的小算盘，可别小看他们了。

上午，看了靳灵儿的随笔《大爱无边》。她阐述了漫画的发展以及60后、70后们对漫画的误解。她说，漫画是给有缘人看的，不是所有人都看得懂，并且还强调，心中有大爱的人才能真正理解漫画，才能走进漫画。虽然随笔里的文字稚嫩，但思考得还蛮有深度，我很喜欢。我也赞同靳灵儿的某些观点，但还是通过文字告诉她，不是60后、70后不懂得漫画，而是生活的压力、就业的压力，使得这两代人把自己的心灵封闭了。

漫画的确可以给人带来无尽的想象之美，可以给人带来精神的慰藉，可以使人忘记周遭环境的不顺、不悦。但是，如果沉浸在漫画之中走不出来，却又不能对漫画爱出极致、爱出品位、爱出独特，那也只能是逃避而已。

李改、刘喜旺，他们都是漫画的忠实爱好者。这没什么不好，但是，当他们丢开漫画书时，他们的心理、行为就如同幼儿一样。

我可以给他们一块心灵绿地，让他们过着快乐的童稚生活，但是在他们长大之后，社会会给他们一块心灵绿地吗？

我一直很认同"外化而内不化"这句话。李改也好，刘喜旺也罢，我都必须帮助他们。让他们内心始终保持着对漫画的热爱，甚至对漫画的痴迷，并且还鼓励他们大胆地把心中的漫画画出来。但是，他们必须学会收敛那颗游走在漫画世界的心灵，做到认真学习，这样，才不会与外界脱节。

那么，我要怎样帮助他们呢？

搞一个与漫画有关的活动，可以吗？语文教学里不是有综合训练，我为何不把漫画作为教育教学的资源呢？

靳灵儿是半个漫画专家，我可以把这件事交给她来策划。比如，有关漫画的知识竞猜，漫画的创作比赛，组织漫画发烧友或者漫画俱乐部等。说实话，漫画于我是个盲区，但为了孩子，我只能涉足了。好在有个能干的靳灵儿，她会帮助我的。

把这个想法跟靳灵儿一说，她欣然接令。我叫她周末好好策划，她竟然说，明天就要在班上搞调查。这速度，这热情，不是真正热爱漫画的人是做不到的。

现在想来，学生爱好什么，老师也没必要去反对，更不能恶语相向。或许，这些爱好就是孩子们的天空，或者是他们精神世界的唯一，一旦坍塌或者被毁，那么，他们的整个世界也就毁了。因此，我得想办法帮他们维护，帮他们建好心灵的家园，把他们的心藏进他们的爱好里，然后我才能自由出入。当我能够自由出入孩子们的心灵家园时，我想，我要帮助他们，这样，他们的愿望才能实现。否则，一切都是白费力气！

5. 用孩子的最爱去牵制他的心

> 每一个人的心灵有它自己的形式，必须按它的形式去指导他；必须通过它这种形式而不能通过其他的形式去教育，才能使你对他花费的苦心取得成效。

下午学习《狼》这一课。简单引入之后，我让学生把课文读一遍，他们竟然读得磕磕绊绊。我笑着说，看来还有比狼更厉害的虎在拦着你们啊，谁遇着拦路虎了？把它们给揪出来，我们再请一些"武松"上去打虎。于是，孩子们争先恐后地往黑板前跑，踊跃得黑板前都挤不下了。这样的学习自然是很轻松的，也是很快乐的，孩子们嘻嘻哈哈地把"老虎"全给揪了出来，并逐个消灭了。

气氛很热烈，李改却在下面小声地念念有词：羊羊羊，狼吃羊。前排的苏光一下就火了，扭头指着李改，恼怒地说，还说！然后又委屈地跟我说，老师，你看李改，又在骂我了。我笑着说，你着什么急啊？李改把你当神一样供着，每天都念叨着你，你看他对你多好啊。苏光本来想张口辩解，但听我说完，只得强忍怒气。而李改呢，满脸都是笑意。

平心而论，虽然苏光有点委屈，但对于李改来说这并非坏事。因为李改非常内向，别说和广大同学交往，就是与父母以及弟弟都不愿沟通，在班上的朋友更是少得可怜。很长一段时间，他都独来独往。为此，我费了不少心血，与他在 QQ 上交流，给他发邮件，放学之后经常陪伴他。他喜欢读我的文章，我就把以前的教育日记一字不落地发给了他。无论他上课的状态多差，课下多么任性（无言的任性），我都包容着他。因此，李改对我是信任且依恋的。半期考试之前我鼓励他，说要是他有了进步，半期之后我一定会送一本他最喜欢的漫画书给他。半期之后，他有了进步，我也不食言，送给他一本《神精榜7》。他喜得不得了，之后，对我更加信任，也愿意与我说话了。最让我高兴的是，他在班上愿意与同学说话了，还带来了一些小玩意，课间与同学玩得很高兴。这对李改来说，是多大的改变啊。

可是，苏光总是介意他的言行。因为苏光的介意，李改对苏光也不满，但他表达不满的方式很奇特。他不会明说苏光的不是，而是故意当着苏光的面说死羊、臭羊、杀羊、宰羊。苏光当然知道这是指他，但是李改又没指名道姓，因此他只能在一旁干着急。而李改呢，看见苏光急得抓耳挠腮而又无可奈何，就很得意。苏光没有办法，直接向李改"宣战"。李改口讷，自然不是苏光的对手，于是就暗暗出损招。他坐在苏光后面，因此就故意翻桌盖，每节课都要翻动好几次。桌盖一翻起来，只要苏光往后一靠，就会抵住背。苏光非常恼火，但又没办法，因为桌盖翻在那里没动，是他自投罗网。当苏光恼火到大吼的时候，李改就会暂时收手。但他又用另一招来气苏光。放学后，他逗留在教室，用粉笔在黑板上写很多"宰羊""杀羊"等与"羊"有关的词语。这使苏光很是生气，却又无可奈何。

我有时笑着对苏光说，别介意啦，李改中了漫画的毒，这是他的漫画式交友方式。他其实是想和你做朋友，只是不知道如何表达而已！苏光听我这样说便会释然，并有好长一段时间不再理会李改。李改呢，只要苏光不对他横挑鼻子竖挑眼，便也不再说与"羊"有关的词语。但如果碰到与羊相关的信息，他还会旧事重提，以至于苏光恼怒得影响了听课。

其实，李改是一个极幼稚的孩子，对这样的孩子讲道理或进行道德教育几乎是徒劳的。但如果任由李改这样没完没了地指桑骂槐，对苏光也会造成负面影响。加上苏光也不善于与同学相处，其他孩子就抓住这一点来讥笑苏光，这对苏光的确不好。

可是，李改刚刚有了起色，刚刚有了几个玩伴，我必须婉转且有效地与他交流，不然就会适得其反。我要怎么和他说呢？

李改的最爱是漫画。我要牵制他，也只能依靠漫画，因此晚修前我找到李改，搭着他的肩膀，友好而温柔地说，李改，老师知道你进步很大，现在还有了几个玩伴，你不再像以前那样孤独了，老师很高兴。但是，老师也有一件事很不满意，那就是你经常说"宰羊""杀羊"等针对苏光的话，苏光听了心里可难受呢。李改听我说出"宰羊""杀羊"，竟然嘿嘿笑了起来。我严肃地说，李改，以后你要是再说类似的话，老师就不再支持你看漫画了,而且我还要把我送你的漫画书收回来,因为我不喜欢不真诚的孩子!

　　李改听我说完,连连点头。我想,李改未必在意"不真诚"三个字,他在意的是我反对他看漫画,更在意我会收回送给他的《神精榜7》。这一点,我很确定。这样一个没长大的孩子,跟他说大道理,他会一句也听不进去,因此我只能抓住他的最爱来让他改掉坏毛病。就像卢梭在《爱弥儿》中写的:每一个人的心灵有它自己的形式,必须按它的形式去指导他;必须通过它这种形式而不能通过其他的形式去教育,才能使你对他花费的苦心取得成效。

6. 老虎逗驴

> 教育虽然是慢的过程，是需要等待的，但在慢慢等待的过程中，一定要为孩子创造机会。

班上有学生对我说，有同学欺负吴楠。我故作惊讶，笑着反问，是吗？吴楠那么大块头，谁敢欺负他啊？马上就有主持公道的孩子跳出来说，尤玖、班图，还有三班的黑皮。我嘿嘿笑着，敷衍道，好，我去找找他们，看他们还敢欺负吴楠不。

说起吴楠，我心里不知有多高兴呢。一个从来不与周围人说话，活在自己世界里的孩子，现在可以经常看到他的笑脸，听到他的声音，甚至还能看到他与同学追逐的身影。这是何等可喜的变化！而吴楠这些可喜的变化不是来自无言和等待的教育，这里面有我精心的策划和布局。

开学不久，当我把吴楠的底全部摸清了的时候，我找了个机会把他支开，告诉全班孩子，说吴楠特别内向，不善于与人沟通和交流，如果这种情形得不到改善，他就很容易得自闭症（事实上医生已经诊断，吴楠得了自闭症），所以我们每个人都要爱护他，保护他，尊重他。孩子们再调皮，也是善良的，他们听我这样一说，心里那根温柔的弦被触动了，于是同情心大发，很长一段时间，他们对吴楠都是小心翼翼的且敬而远之。我心里很清楚，这不能怪孩子们，因为吴楠根本不与任何同学说话，而孩子们又不知道如何引导他说话，为了不让他感到受伤害，只能不知所措地远离着。

对此，我也没说什么，只要大家不欺负吴楠，让他觉得安全，愿意到学校来读书，我的最初目的就达到了。

后来，我加了吴楠的QQ，利用周末在QQ上和他聊天。但他很被动，问一句，他就答一句，而且非常简短。

再后来，我又安排了两个性格随和、乐于助人的学生主动去接近吴楠，让他觉得自己有朋友，排除他的孤独感。

在课堂上，我更是把最简单的、估摸着吴楠能够答出的问题不显山不露水地抛给他回答，然后猛夸。

后来，他的母亲给我反馈，说吴楠现在很喜欢到学校来，以前可是不愿意进学校的。我听后顿时欣喜若狂，对改变吴楠充满了信心。

但是，对这一系列措施，吴楠都是在被动地接受，长期下去，我们大家都会厌烦。深思之后，我想，还是得为吴楠创造一些机会，让他主动加入，主动跟别的孩子学习如何锻炼自己的性格，如何与人打交道。

因此，我授意几个男孩子利用课间休息故意去逗吴楠。走近逗逗他，然后跑开，让吴楠着恼，却又不愤怒（这很像《黔之驴》里的虎驴相嬉）。于是，在很长一段时间里，我看见那些男孩子逗着吴楠追赶他们。

当然，我也故意问吴楠，他们逗你，你烦不烦？吴楠便笑笑，说，我好想打他们。我拍着他的肩膀，笑笑说，如果他们是故意的，你可以适当地收拾他们一下，你这么大块头，还怕打不赢他们吗？别怕，我给你做主！吴楠笑笑，说，不干，那可是要犯错的。

不是我要唆使孩子犯错，孩子犯错也未必是坏事。其实，一个人的能力很多时候不是在课堂上，也不是靠书本提高的。相反，他们在与同龄人的嬉闹、追逐、打骂之中会学到很多东西。动物界里那些幼小的动物不就是在与同伴的玩闹中学会谋生技能的吗？所以，我很希望吴楠能够在与同学的碰触中学会如何与别人交往，如何找到快乐。

一个从来都不主动的孩子，他怎么可能感受得到与同龄人交往的快乐呢？他若感受不到快乐，就永远没有交往的欲望。

当然，我私下又找了那几个孩子，教他们注意分寸。其实，逗人也是一种本事。有的人会把人逗乐，有的人会把人逗哭，有的人还会把人逗得生恨，那就要看你是出自什么用心了。做好这边的工作，我又鼓励吴楠，让他别介意那些同学的逗闹，其实他们是善意的，只是想和他玩，只要他愿意，就会发现别有天地，那可比上网打游戏好玩多了。吴楠听我这样说，低头笑笑，说，但是他们说话比较低级，我不喜欢，我害怕把我给带坏了。我笑着说，哦，别怕，若你都变坏了，这个世界就真没救了。吴楠听我夸他，低着头很得意。

医生说吴楠自闭，难以走出自己的世界，但我看到了希望，我认为，吴楠是有希望走出自己的世界的，因为他开始接受与判断了，并且还试着参与了。

　　教育虽然是慢的过程,是需要等待的,但在慢慢等待的过程中,一定要为孩子创造机会。如果没有未雨绸缪,没有事先的安排布局,只是消极地等待契机的来临,我以为,那样的教育是非常消极的,也是低效的。

　　教育,应该是教育者有意识地、有预见性地把积极的因素渗进受教育者的心灵,然后慢慢等待。

7. 我是一只受伤的小小鸟

> 利用作文辅导课，创设情境，在指导孩子们作文点评时，不着痕迹地把爱护、体谅、宽让、理解植入孩子们的心中。

今天本来是个令人高兴的日子，因为由靳灵儿主编的漫画杂志终于印刷成刊了。看着那精美的封面，摸着那油光润滑的纸张，再看着孩子们的名字一个个出现在杂志上，心里那份激动之情，真是难以形容！

先到的几十本杂志被一抢而空，好多没有买到杂志的孩子不断地跑到我们班打听还有没有杂志。一个八一班的孩子还对我说，老师，你们班真牛！

是的，他们真牛！说办杂志，就办杂志。虽然我是"月光馒头室"的名誉顾问，但我也只是偶尔问问进展，给他们打打气，鼓励他们坚持，除此之外，还真没做过什么事情。这本杂志全是孩子们自己做出来的。从策划到组稿，由宣传到定版，直至杂志出炉，都是这些十二三岁的孩子在操心。我不得不说，他们，让我刮目！他们，让我彻底改变了对90后的不良看法！

可是，上课时，我看见苏光目光呆滞，神色颓靡，别的同学不停地发言，而他，紧闭嘴唇，不理会老师的提问和同学的发言，活脱脱一副元神出窍的样子。我趁学生记笔记时，摸着他的头问，怎么啦？他没有任何反应。我手指稍稍带力，轻轻晃动苏光的脑袋。苏光仍然一语不发，神色呆板，像个木偶似的晃动着脑袋。这孩子，一直很亲近我，今天怎么啦？我不便停课询问，只好暂时不去管他。

下课后，我把苏光叫到一边，问他为什么这么难过，遇到什么伤心事了。他仍然一语不发，但是眼里涌出了泪水。我拍拍他的头，问，和同学吵架了？苏光无语。我又问，同学说你闲话了？不管我怎么问，苏光只是掉泪，并不说话。我看这样的问话没什么效果，就说，那好，你自我调节的能力很强，你先自己调节一下，想说了再告诉我吧。

午饭后，我看见苏光在教学楼后与一群同学玩沙包，来不及向他招手，他便快速地朝我走过来。我笑着问，情绪调整好了？苏光紧抿嘴唇，不回答我的话。我拍着他的后背说，怎么啦？以前你不是什么话都与我说吗？这次怎么就守口如瓶了呢？

苏光听我这样说，才闪闪烁烁地说出自己早晨遭遇同学强行换面条，生活老师误解了他，到教室后又受到我的冷遇和英语老师的不睬，因此很伤心。虽然苏光说得有点含糊，但我还是明白了个中大概。

苏光是一个思想很有深度、品质也很单纯的孩子，因此，在与同学相处时，就不像其他孩子那样圆滑世故。其实，这样的孩子是多么的可爱啊！只是，现在这样的孩子不多了。可是，他们在班上往往难以找到知心的朋友，常常是受人嘲笑和欺负的对象。

如果一个班级班风纯正，每个孩子都懂得欣赏别人、宽容别人、爱护别人，那么，像苏光这样的孩子就会很快乐。

可是，要构建这样一个和谐的班级，不是三两天就能做到的。因为这与地域文化、家庭教育、小学教育都息息相关。现在的孩子多数心灵粗糙，他们的心灵不仅需要呵护，还需要有意识地去经营！

苏光受伤，主因还是同学强行换面条。其实，强行换面条的孩子也不是品行坏，只是他们不懂得这样会伤害别人。因为他们从来不曾倾听过别人的心声，从来不曾拨开生命的面纱去探求生命的本真，从来不曾思考过，人的心灵其实是何等的脆弱。

这次我不想说教，因为面对一群十二三岁的孩子，说教显得很苍白。我要发挥我的写作优势，利用晚上的作文辅导课，创设情境，在指导孩子们作文点评时，不着痕迹地把爱护、体谅、宽让、理解植入孩子们的心中。于是，我根据苏光提供的材料写了一篇范文。为了真实和尊重苏光，我先请他阅读了文章，征得他的同意后，在作文课上点评。作文如下：

我是一只受伤的小小鸟

我是一只小小鸟，想要寻找温暖的怀抱，却总是受伤而归。为什么，为什么我敞开，敞开善良的胸怀，却总是换来嘲笑和误解？我只想，我只想快乐地过着我的日子，为什么，为什么却总是不能实现？

所有认识我的人啊，为什么就不能露出你们关爱的眼神，伸出你们友爱的双手，敞开你们挚爱的心灵？

我还记得今天早晨，我们吃炒面，我好高兴啊，因为这是多么难得的一次改变口味的机会啊。可是，当我刚刚吃了第一口的时候，小雨竟然把我的炒面强行给换了。

原来小雨换走我的炒面是给小月吃。可是这面我已经吃了呀，已经被我的口水污染了呀，这怎么能吃呢？这不恶心吗？于是我就找生活老师叫他们换回来。

可是生活老师很生气，重重地把手上的盘子一放，并恶声恶气地说，不要像一个地雷似的在那里吵！瞬间，餐盘上的面条溅了我一脸。我愣了，像木偶一样杵在那里。我觉得我的心快空了，我觉得我的身体漂浮了起来，我知道很多人在看着我，我看见他们张大嘴巴嘻嘻笑着，但我不知道他们说了些什么，我只知道他们的面孔在放大，放大，直到扭曲成一盘盘炒面。

我受伤了，我很想找妈妈哭诉一番。可是，妈妈在哪里呢？

我来到教室，看见讲台上围着很多人，我的老师满面笑容，兴奋地说着话。我看见她，空空的心里好像填进了一些东西似的。老师拿着一把剪刀，正在眉飞色舞地剪一个包裹。我听其他同学议论，说里面是漫画书。我很好奇，也凑过去看。当老师把包裹剪开时，我忍不住伸手去拿。老师却看都没看我，就用手一拨，说，别动，先让主编看。

我默默地退了回来，眼里满是泪水。为什么和蔼可亲的老师竟然没把笑脸给我，而是当我不存在？看着她和一群同学兴高采烈的样子，我觉得我的心都要裂了。

我无力，我头昏，我对一切都没了兴致，于是，我把头深深地埋起来，我把心紧紧地蜷缩起来。我不想理任何人，我只想一个人静静地发呆。

早读是英语老师的。看到英语老师，我想，或许，她会给我一张笑脸；或许，她会给我一点安慰；或许，她可以理解我受伤的心。但是，我绝望了，一切都只是我的一厢情愿而已。

当我遇到一个不会读的英语单词时，我大声地向英语老师请教。可她竟然充耳不闻，头也不回地从我身旁走过去。她去哪里不好，为什么偏偏走到强行换我炒面的小雨那里去问长问短!

我的心碎了,在这个世界上,没有人爱护我,没有人理解我,有的只是无尽的嘲笑,甚至是谩骂。

所有认识我的人啊,你们为什么不给我一点点尊严?我不知道我的明天会不会更好,因为,我不敢确定那些认识我的人会不会给我一个温暖的怀抱!

晚上上课时,我先给孩子们放了歌曲《我是一只小小鸟》,孩子们听得很入情。接着,我简单讲了一下作文点评的要求,然后就在大屏幕上打出我写的那篇《我是一只受伤的小小鸟》。为了营造气氛,我还特意配上班得瑞乐团的《追梦人》,用伤感而低沉的音调缓缓地给孩子们朗读。

孩子们非常安静,教室里只有我哀伤低沉的声音在回环。读完后,孩子们先是静默,随后发出雷鸣般的掌声。坐在后面的陈奋叹道:太伤感了。

是啊,很伤感。一只受伤的小鸟发出伤感的声音。孩子们虽然免不了无意伤害别人,但他们本性善良啊。只是,家长和老师很少去擦拭他们长满尘垢的心灵,更没想到心灵也是需要有意识地去经营的,所以,我们原本善良的孩子每天都在善意地伤害别人。

后面的作文点评很踊跃,几乎每个孩子都针对文章的不同句子和段落发表了自己的看法,谈了自己的感受。我一直认真倾听着,偶尔穿插着点评一下。总之,孩子们都说自己很受震动,今后说话做事也要注意分寸。我看目的达到了,就不再说什么。文章里涉及的当事人,一定会对号入座的。而与此事无关的孩子们,我想,他们也能从中获得一些启发吧。

经营心灵是一个慢的过程,正所谓"教育是一种慢的艺术",但无论多慢,我们总得去做,去寻找各种机会来细心地、不着痕迹地经营。我想,终有一天,孩子们的心灵一定会被我擦拭得干干净净,那个时候,我们都将是一群幸福的人!

8. 你是我们心中的重要他人

> 当孩子举棋不定的时候，告诉他，你是我们心中的重要他人！孩子就会为重视他的人转身。

早上升旗仪式时，班图没来。我心里开始有点隐隐地失落，这个孩子只怕是一定要退学了。但转而一想，"天要下雨，娘要嫁人"，我又怎么拦得住呢？如果班图能把我的话听进去，并思考清楚的话，那么，他今天应该会来的。可是，直到升旗仪式结束，也没看到这个在升旗仪式上从不缺席的孩子的身影。

尽管第一节课不是我的，我还是闷闷不乐地跟着学生回到教室。一路走一路寒心，班图不读书了，那么他一定是回内蒙古了，教了他半年，感情也不浅，他连招呼都不打一个就走了，唉，投入未必就一定有回报啊！寒心之后又不乏遗憾，班图算得上是班上的一名篮球骁将，眼看着我们下午第四节课就要和二班比赛了，他竟然走了。要知道，二班这学期来了两个篮球高手，一改以往那种颓靡作风。就算班图在，我们也未必打得赢他们，更何况他还不辞而别了。

孩子们走在前面，我快快不乐地跟在后面，待孩子们都进了教室，我往窗台旁一站。咦？那个身穿白衣、稳稳地坐在椅子上的不是班图吗？他低着头，闷闷地。我没出声，而是定定地盯着他，等他来发现我。我的视线在班图身上大概定了2秒钟，他竟然抬起头朝我的方向看过来。我们对视了，我展颜一笑，很灿烂，很舒心，很愉快，就像一个母亲，突然看见自己走失的孩子一样。班图也朝着我笑，那笑容里有羞涩，有轻松，有高兴。我还是没进教室，只是笑着努努嘴并朝他挥挥手，示意他准备书本上课。

上午第三节去上课，趁孩子们准备书本的时候，我笑着问大家，班图上周一周没来，大家想念他吗？

想！孩子们回答得很热烈。

我毫不掩饰，笑着说，是啊，我也很想念班图，早晨我还在想，班图没来，我们下午的篮球赛怎么打呀，现在，看见他，我心里的石头落地了。大家再想想，没有班图这个生活委员，行不行？

不行！孩子们异口同声。

是啊，不行。班图上周没来，我们的课间奶，可是发得很差啊，同学们都是自个儿去拿，所以说啊，班图，我们这个集体没有你真的不行！虽然你不在，集体也在运转，但是运转的速度和效率受到了影响，由此可知，你是我们大家心中的重要他人！我们班级，每一个同学都是别人心中的重要他人，所以，少一个都不行！我动情地说道。

我悄悄地观察班图的表情，发现他显得很激动。我想，话就先说到这里吧，目前保持这个状态，过几天，我再与班图好好谈谈。

当一个孩子举棋不定的时候，老师、同学要毫不犹豫地告诉他：你是我们心中的重要他人！我们需要你，因为你的存在，我们很快乐！我想，听到这种温暖的话语，这个孩子就会很容易为重视他的人转身。

9. 送你五颗心

> 孩子一旦被打动了,他就会把老师请到他的心里去居住。

班图周一回到学校,我在窗外对他展颜一笑,然后在班上说他是我们大家的重要他人,就暂时把这件事放下了。我不是对他漠不关心,而是想观察几天,等到恰当的时机再找他谈话。

通过四天的暗暗观察,我发现班图的思想还是没怎么转过弯来。首先,他这几天基本上是恹恹欲睡,无精打采;其次,他作业不做,课间奶也不主动发放;再次,他还在背后给同学起绰号。我想,我该出面正式约他到办公室谈话了。

班图是晚修前到办公室来找我的。我请他坐下,笑着问,这些天你想通没?班图羞涩地笑笑,说,还有点不通,很矛盾。我诚恳地说,为了对大家都公平,我建议你暑假再来彻底想这件事,好吗?班图略微沉思了一下,然后点点头。

我说,今晚,我想送你五颗心,是五颗什么心呢?想听吗?班图点点头。

第一颗,安心。既来之,则安之。我希望你安心在学校读书,毕竟,你最终还是来学校了,说明你还有读书的愿望,既然来了,就安心读吧。这里,我想说一个真实的故事给你听。故事的主角就是我的亲弟弟。他读初中时,很不努力,因为他一心想着初中毕业去接我爸爸的班。一懂事,他就知道他有一个现成的工作在等着他,所以,一直都不安心读书。后来,班是接了,也风光了一阵子。可工作几年后,单位改革,要求工人必须具备大专学历,否则就下岗。于是,他急了,赶紧去自修大专,但是,一个初中文化基础都很差的人,怎么可能学得懂大专的内容呢?下岗危机难以解除,他忧心忡忡,终于有一次因心情不好说横话,冲我母亲喊,你那个时候为什么不要我去读高中考大学呢?我母亲很委屈,解释道,那是你自己不愿意啊!我弟弟气急败坏地说,我那个时候人小不懂事,我不愿读书，你为何不拿绳子捆着我去读呢？母子之间要是争论起来，就真的会没完没了。总之，我弟弟是吃亏了，而且吃得不小。

第二颗，用心。凡事只要用心，都会做得好，只是时间的快慢而已。我希望你能用心读书，毕竟，就你的情况来看，只有知识才能改变你的命运。和与你交好的同学相比较，你没有他们那样的创业平台，你只能靠你自己，因此，你除了用心读书外别无选择。

第三颗，尽心。我一直都希望，你是我们"奋进班"每个同学的大哥，是靠得住的大哥。事实上，你也的确堪称他们的大哥。你是班长选中的生活委员，所以，希望你继续为大家服务，尽心尽力地做好自己的本职工作，好吗？

第四颗，放心。放心地在学校生活，不要有任何压力，老师不会伤害你，同学也不会排挤你。上次你不辞而别，学部根本就不知道，同学们也不知道。我只是告诉他们，你有事请假了。

说完这四颗心，班图已经很感动了，说自己一定要打起精神来读书，也要把生活委员的工作做好。我明白班图这个孩子，真正的蒙古人性格，很倔强。通就是通，不通怎么都不通。而且好多事情讲情不讲理，你要是对他好，他就会拼命对你好；你要是对他不好，他也会拼命对你不好。只是，他的基础实在太差了，根本没有办法补上来，而学校对孩子的要求却是整齐划一的。

我笑着对班图说，只要真正想通了，就是好事一桩，老师也为你高兴。给大家一个机会，暑假再回去深思熟虑、长远规划，好不好？老师这里还要送你一颗心，先不说是什么心，我先把事情说出来，你经过判断后自己说应该送你一颗什么心，好吗？班图点点头。

坐在你后面的靳灵儿，这几天很苦恼，你知道为什么吗？班图迷惑地望着我，摇头表示不知道。

我说，靳灵儿长得胖，已经很苦恼了，可是，你还在后面给她起绰号，她就苦恼得要命了。想想，你也有缺陷，面对自己的缺陷是不是会有自卑情绪？班图感到不好意思，点头表示承认。

孔子言：己所不欲，勿施于人。当你面对别人的羞辱时，你有多难堪，那么，当你羞辱别人时，别人就有多难堪，这就叫将心比心。你家是搞畜牧业的，你喜欢你家的那些牛羊吗？或许是牛羊唤起了班图的记忆，他竟然很温情地回答，很喜欢。

　　看看，你连牛羊都喜欢，心地是何等的善良，那么，你对靳灵儿也是没有敌意的，是吧？我一步一步地套问班图。班图点点头，说他没有敌意，只是喊着玩。我笑着说，那好，想一想，老师该送你一颗什么心？班图摇头表示想不到。

　　我笑着说，送你一颗体谅心，然后拿着这颗心去与别人将心比心，这样，很多事情你就不想再做了。

　　班图顺从地点着头，嘴巴里还"嗯，嗯"地应承着。我顺手拿起桌子上崭新的《语文学习指导》，说，你的《语文学习指导》丢了，我今天终于给你找到了一本，你拿着吧，不要你全做，只求尽力做就行。这显然是令班图意想不到的事情。他接过《语文学习指导》，显得很激动，不停地用手摩挲着书的封面。

　　打动一个孩子不容易，但是，只要教师真心实意、真诚地站在孩子一边，去体谅他，帮助他，爱护他，我想，最终还是能打动他的。而孩子一旦被打动了，他就会把老师请到他的心里去居住。

10. 给孩子制造信任他人的机会

> 老师不屑一顾的东西，往往就是孩子的天。

当下，不论是学校，还是家庭，都存在着严重的信任危机。学生不再相信老师，和老师玩的是猫和老鼠的游戏；孩子不再相信家长，对家长使的是欺瞒哄骗的手段。这究竟是为什么呢？我想，我们不能简单地去责怪孩子们不懂事、不明理或不解人意。更多的应该是去反思：是不是我们没有做出值得孩子信任的事情呢？是不是我们没有制造出足以让孩子去信任他人的机会呢？孩子没有尝试着去信任他人，没有感到信任或者被信任的快乐，他怎么可能去相信他周围的世界呢？

刘喜旺，是全班公认的最多疑的一个孩子。比如，老师要送他礼物，他就说这是老师在笼络他；他若犯了错误，老师笑颜相对，选择原谅他，他就会说这不过是老师的教育手段而已；如果某位同学称赞了他，他就会认为这个同学一定有不可告人的目的……总之，他多疑得连自己都不相信了——他说他绝对不相信自己能改得了"顶嘴"的毛病。

这样一个"光屁股坐田埂——夹泥（疑）心重"的孩子，要他相信别人很不容易。但是，如果由着他爱信不信，那么，作为教育者就太过消极了。为了能让他选择信任，我非常注重身教。首先，我从来不敢在学生面前自毁诺言，如果有什么事情因为忙而延误了，我会非常诚恳地道歉；其次，我百分百地信任每个孩子。即便这样，也只得到了他"勉强可以"的评价。

今天的晚修课上，学生纠错，我巡视辅导。教室里非常安静，连坐在讲台旁的刘喜旺也在安静地埋头做事。看着自己的班级一天天走向规范和上进，我心里感到欣慰，心情也不由得轻松起来。

在教室里轻松愉快地"翩然"一阵后，来到了刘喜旺的背后。或许是刘喜旺太过专注了，他没有发现我。刘喜旺少有的"勤奋"引起了我的好奇，于是我驻足不动，身子前倾，目光越过刘喜旺的头顶。啊？他竟然右手拿着应该纠错的《语文学习指导》，左手捂着一本课外杂志（估计是漫画）在聚精会神地看。我没出声，而是把右手迅速地从他背后伸过去，然后摊开手掌示意他把杂志给我。刘喜旺立即用《语文学习指导》把杂志盖住，然后双手伸成环形将其死死捂住，再把身子一伏，用下巴抵住盖在杂志上面的《语文学习指导》。我把手掌收了回来，走到他前面的讲台上，然后蹲下，与刘喜旺对视着。刘喜旺的眼睛里射出一束视死如归的光芒。看样子他是要和我对峙下去了。

  虽然我与刘喜旺对视着，但我的目光很柔和，慢慢地，刘喜旺的目光也柔和多了。我温和地说，刘喜旺，你确实是错了，在晚修课上看课外杂志，你只有两个选择，要么把它给我保管着，明天下午放学时你再拿回家；要么就由班委干部来"执法"。给你5分钟的时间考虑，后面三个班委干部都是金刚之身，他们每人出一只手，就可以把你提到教室外面去，那么，你的事情就彻底曝光了，今后你怎么去监督班委干部呢？刘喜旺嘟了嘟嘴，眼珠子转了两圈，"嗯，嗯"几声之后，说，我考虑一下。我笑着说，随你吧，好好考虑，不过我建议你选择信任，因为信任会使你的心理空间更大，你也会更快乐。刘喜旺用商量的语气说，那我可不可以用纸把杂志包好再交给你？我说，最好不要，因为我喜欢被别人信任。刘喜旺无语，仍然环抱双手压住杂志，下巴也没从桌子上抬起来。看来，刘喜旺还是信不过我，我要怎样才能让他把杂志交给我呢？如果说没有纪律，我也就不管了，关键是班上有纪律，如果执行不了我就放弃，今后刘喜旺的眼里还容得下纪律吗？

  一时，我的脑子很乱，我摇了摇头。突然，我看见教室的角落有个垃圾篓子，李改在篓子里套了一个塑料袋。有了，我眼睛一亮，心里也敞亮了。我走到李改身旁，问，有塑料袋吗？李改是个"收藏家"，果然拿出了一个蓝色塑料袋。我把塑料袋的口子拉开，对刘喜旺说，你把杂志放在里面吧，我绝对给你保管好，明天下午拿给你。刘喜旺又"嗯，嗯"地迟疑着，然后问，你能保证别的同学不看吗？我笑着说，我能！那你能保证你儿子不翻看你的包吗？他问道。我点点头，抿嘴笑道，我儿子从不乱翻我的包。刘喜旺还是有点勉强，不情愿地说，好吧。然后从我的手上把塑料袋拿过去藏在桌子下，再小心地把杂志从《语文学习指导》下拖出来，双手在桌子下面好一阵摸索，拿出来时，杂志已经装在塑料袋里了，并且打了好几个死结。刘喜旺又在桌肚里拿出一个白色的塑料袋套在上面，又打了几个结，然后才小心翼翼地装进我的包里。

一本杂志而已，谁稀罕呢！小孩子看的东西，请我看我还没时间呢。但是，老师不屑一顾的东西，往往就是孩子的天。因此，看着刘喜旺那可笑的举动，虽然我心里很想笑，但还是表示深深的理解，并且容忍着他的一举一动。

等刘喜旺慢腾腾地做完那一系列动作后，我笑着说，刘喜旺，谢谢你最终选择了信任，我会告诉你，老师是值得你信任的。刘喜旺不置可否，但过了一会儿还是回应了一声，应该是吧。

第三节晚修是八一班的。因为学习了《多一些宽容》，所以我给孩子们链接了肖川教授的《宽容》。读完肖川教授的《宽容》，我做了几句点评，然后给孩子们讲了我在"奋进班"处理刘喜旺看课外书的事情（我之所以要讲这件事，是想借题发挥敲打敲打个别孩子，因为，八一班有些孩子建议我不要太宽容）。没想到，等我说完后，八一班的孩子们给了我最热烈的掌声。

晚修结束，带着八一班的孩子们回宿舍的时候，好多孩子对我说，老师，我们真的很佩服你！我们仰视你！我笑着说，我不需要仰视，我只需要与你们平视就可以了。

能够得到八一班的孩子如此的评价，可以说是我这半年来获得的最珍贵的礼物！想起最初的被小视、排斥，到后来的被接受、认可，以至现在的受佩服、仰视，这期间，我经历了多少的风雨，承受了多少的心痛，忍了多少的闲气啊！

11. 当别人说你不行时怎么办

> 作为教育者，不要轻易放弃自己的责任，很多时候，不是我们的孩子不好，而是我们这些教育者没有点亮孩子心里的灯。

我班与三班进行足球比赛，输了。在我看来，输赢根本无所谓。我也反复对孩子们说，组织比赛的目的一是增强班级凝聚力，二是促进大家锻炼，增强体质。只要达到这两个目的，即便输了，在我眼里，我的孩子们也是驰骋球场的英雄！孩子们听我这样一说，倒也释然，可是别的班的孩子并不放过他们。

课间，闲话就出来了。

二班的一个孩子跳出来说，你们连三班都踢不赢（与二班踢时也输了），真不行，真是废物！于是，"一班是废物"的信息就迅速传播开了。

孩子们自然咽不下这口气，找到我，要我与他们论理去。

我答应着，但没有去，与其找别人论理，还不如与自己的孩子论理，也好顺便改造一下孩子们的思维模式。

早读时，我问孩子们，你们球踢输了，别人骂你们，你们心里是什么感受？

孩子们义愤填膺：我们很生气！还有孩子说，心里有一种恨！

我笑着说，生气，或者恨，都是可以理解的，是很正常的一种心理状态，说明了同学们不服输，有自尊。

那么，接下来，你们准备怎么做？我问。

答案在我的意料之中，他们说，谁说的打谁！

我没直接反对孩子们的意见，只是笑着说，打了是不是就脱胎换骨，变废为宝了呢？

孩子们马上转弯：那我们去骂！

骂了之后，就能改变他们的评语吗？我追问。

那我们不甩他们！孩子们答。

高姿态，不甩他们，能让他们改观吗？我紧紧相逼。

那我们去认输，去和解。孩子们的答话已经没了开始时的霸气。

哦，服软！他们就不会骂了吗？我有点不屑。

孩子们被我逼得无话可说，最终选择了沉默。

我笑着说，其实错的不是别人骂你们，说你们不行，而是你们自个儿的思维模式！别人说你们不行的时候，你们的第一反应是生气，这很正常，我完全理解。可是，你们接下来想到的就是去打，试问，打能解决问题吗？打除了激化矛盾外，一无是处！听见我不支持打，你们立即又改口说要去骂，骂行不通时，就说不甩，最后发展到去认输，去和解。没有任何一个人想：我为什么不行？我不行在哪里了？我能不能改变自己？我需要做哪些方面的提高？告诉你们，缺乏反思的思维模式，永远都是失败者！

说实话，当我听到他们这些言论的时候，虽然我的脸上平静无波，但心里却是波涛汹涌，有一种深深的灼痛。这些孩子，在学校读了将近十年的书，脑子里装的不是打就是骂，或者是当软蛋。谁来为这些孩子僵化的思维模式埋单啊？我们的教育者如果培养的都是这样的孩子，三十年后，我们国家的命运可想而知！

把心中的那股灼痛深埋在心底，我平静地说，我告诉你们一件事，去年，我到一个学校去做讲座，讲的是"班主任必须修炼的八大内功"，讲完之后，有一个男老师讽刺我道，你那么大本事，你到北京去教嘛，到香港去教嘛。我没有生气，而是笑着对他说，谢谢你的鼓励和鞭策，我一定努力，不然，这辈子连北京都看不到。等他转身后，我在心里暗暗发誓：我一定要加倍地工作、读书、反思、写作，等到有一天，我足够强大了，能够影响别人了，我一定会去教教他！教他改变观念，改变思维模式，进而让他的学生得福！其实，这跟别人说你们不行一个样，关键是看我们怎么对待，如果把矛头指向别人，你或许能得到短暂的快乐，但永远都不会进步，到头来，别人还是会踩着你说你不行！那么，这时候我们该怎么办呢？

孩子们显然从来没思考过这样的问题，都愣愣地望着我，希望从我这里获得答案。

我笑着说，其实很简单，只要思维方向一变，所有的问题就会迎刃而解。当别人说你不行时，第一时间，你可以生气，但生气之后一定要冷静下来思考：我为什么会不行呢？我哪里没做好呢？与别人相比，我的弱项是什么？强项是什么呢？我需要怎么做才能将自己的强项发挥到极致呢？也就是说，不要花时间去埋怨，而要花时间来找到自己的长处，然后，扬长避短，以强胜弱。比如我们班，踢足球的技艺不高，那么，我们可以在篮球上发挥优势，可以在学习上找到成功，也可以在做人方面优于别人，总之，把自己的强项找出来，使劲地努力，总会超过别人的。

　　孩子们听完不再有异议，而是心悦诚服地点着头。

　　作为教育者，不要小瞧自己的力量。很多时候，不是我们无能为力，而是我们没有尽力，任何一件事，只要尽力甚至竭力去做，都会有效果。作为教育者，不要轻易放弃自己的责任，很多时候，不是我们的孩子不好，而是我们这些教育者没有点亮孩子心里的灯。一个心里黑灯瞎火的孩子，他怎么可能照亮自己前行的道路呢？所以，作为一个有良心、有责任感的教育者，时时刻刻都不要放弃教育孩子的机会，哪怕是对牛弹琴，弹了也总比不弹好！

12. 擦拭孩子心灵的尘埃

> 作为老师，要有一颗敏感温润的心，要能敏锐地洞察孩子的心灵是否有灰尘，要及时地义无反顾地帮助孩子擦拭他们沾满尘埃的心灵。

现在的孩子，心灵越来越粗糙，性格越来越急躁。我不知道是不是我们急功近利的教育留下的产物。但是，我可以痛苦地告诉大家，很多老师都在弯腰捡拾这样的产物。或许，有些老师捡起这些产物的时候顺手一扔，就扔到垃圾箱里去了；或许，有些老师只是因为这些产物挡住了自己的脚步而捡起来，然后扔得更远；或许，有些老师只是捡起来看了看，然后又丢掉了。可是，我不愿意这样做，既然我弯了腰，且又捡了起来，那么，我就应该细心地把上面的尘垢洗掉，然后，把它们精心地放置在一个干净的地方，耐心地呵护着，我相信，总有一天，这些被污染的精灵一定会成为天使！

下面，就是我捡起的一颗沾满尘埃的灵魂的故事。为了能全方位地帮助这个灵魂擦拭灰尘，也免去师生面对面的尴尬，我采用了传统的书信方式。

阿亮：

听英语老师说，周六下午你要回澄迈，校车是4点50分发车，她让你4点40分走。我反复咀嚼了英语老师的这句话，我个人认为她的处理方式没有错误。你且听我分析：其一，校车就停在校园里，你从教室出发，最多两分钟就能走到校车停放的地方；其二，英语老师让你在教室里多待一会儿，无非是要你少耽误课程，少欠学习债务；其三，你的提前离席会让其他同学心头发慌，你提前的时间越早，同学们心里发慌的时间就越长，这样做，对老师和同学都不公平。由此可见，不论从哪个角度来说，英语老师的处理都无可非议。可是你呢，先是生气，课也听不进去。到了4点20多分，你又要求走了。英语老师给你解释，校车是4点50分发车，为了确保时间的准确性，还专门打了电话咨询。而且英语老师连意外情况都考虑到了，说要是误了你的车，就是打出租，也要把你送回家。由此可见英语老师对你的真诚。但是，令我非常遗憾和伤感的是，英语老师此举并未赢得你的感激，相反，你却在下面用言语攻击她。你难道就没想到，英语老师是一个优雅的女老师，那样去攻击她，合适吗？你难道就没想到，你也是有母亲的人，你容许别人辱骂你的母亲吗？你难道就没想得更远一点，一年了，老师站在讲台上无怨无悔地付出，可是一旦没满足你的一个小小的愿望，得到的就是一顿辱骂，这不让人寒心吗？

人心都是肉长的，掐它，会痛；摔它，会碎；伤它，会烂。不是只有学生才会受伤，老师也是人，很多时候也很脆弱，他们没有理由一次又一次地去承受学生对他们的指责和辱骂。

作为班主任，我比其他老师更了解你，因此也理解你当时的心情。毕竟长时间在学校住宿，好不容易有了两天假，回家的心情很迫切。但是，归心似箭绝不可以成为释放自己恶劣情绪的理由。如果可以的话，那么，那天，是不是所有的学生都要向最后一节课的老师发难呢？再者，老师是不是也可以弃学生不顾而回家呢？

这显然缺乏理性！而一个缺乏理性的人，是做不成大事的，就如同一个缺乏理性的民族是不可能屹立在世界前列一样。说到这里，我不妨给你说个故事——

周六回家，我儿子对我说，下午他们班发生了"暴动"。一听"暴动"二字，我大吃一惊，央求儿子详细叙述。

儿子说，下午是数学老师的课，老师讲到有关"半粒药丸"的应用题时，告诉大家，医院卖药是不卖半粒的，所以，计算时要考虑到这一点，最后得数应该是整数。话音刚落，一个学生突然站起来用言语攻击老师，而老师无奈之下只能以"武力"控制局面。儿子虽然是一边笑一边讲述，但我的心却沉重起来。这让我想起一个画面——喜极发疯的范进被老丈人重重扇了一个耳光，神智立刻就清醒了。作为母亲，如果我的儿子在课堂上如此这般地攻击并没有错误的老师，那么，我将会无地自容到不想见人！还有，如果我在上课，我的学生这样来攻击我，我的心会碎成一片一片的。

这就叫人同此心，心同此理！

你已经学过《〈论语〉十则》了,知道里面有句话叫作"己所不欲,勿施于人"!你都容不下别人骂你,那么,别人会容得下被你骂吗?老师之所以选择容忍,是因为他做了老师。"宽容"是老师的职业修养之一。因此,希望你能懂得感激老师的宽容,不要因为老师会选择宽容,会选择原谅,就为所欲为。若没有对老师的敬畏,没有对知识的敬畏,那么这个人长大后只会一无所成。

我在这里无意抱怨你什么,只是想告诉你,今后该如何向别人表达你的不满。

不管发生什么事情,我们应该想到如何有效地解决,而不是发牢骚、用语言攻击,甚至逃避、报复等。这些,都不是解决问题的办法。那么,该如何做呢?

第一,迅速冷静。凡事都有因。事情出来了,你一定要用自己的脑子想一想,是什么原因造成的。只有找到事情的症结所在,你才能解决或者快速地想通。比如,英语老师要你4点40分才离开教室去乘校车,你就要想:老师这样做是出于什么目的呢?不让你回家吗?她把你留在学校有何用处?而且她也表态了,如果错过了车,她就是打出租也要让你回家。只要你冷静地想一想,就会明白,老师的目的很单纯,就是不想你落下学习而已。这是她的私心吗?非也!做老师的,桃李满天下,在一个学生身上找不到成功感,可以在另一个学生身上找到啊!她这么做,无非是缘于对你的爱。

第二,暂时隐忍。事情发生了,并且正在进行中,你如果马上跳出来表达自己的不满甚至骂人,那么,你针对的就不是一个人,而是一个集体。比如,英语老师没让你走,你就在下面生气,甚至咒骂。老师就算脾气再好,自己的学生这样对她,她还能喜笑颜开地上课吗?结果肯定是老师停课与你计较。想想,你耽误的仅仅是老师的时间吗?这样做,谁获利了呢?我告诉你,三败俱伤——你、老师、其他听课的同学。

第三,换位思考。老师在安排事情的时候,一般都有他的整体考虑,如果能站在他的角度想一想,或许,你认为的大委屈其实根本就不是委屈,而恰恰是老师对你的爱的表现。比如,英语老师为何要你在4点40分离开教室?她是与你过不去吗?如果你是英语老师,当自己的课堂不时有人进进出出时,你的心里会作何感想?只要你换一个位置来思考,很快就会想通。

第四,事后沟通。如果老师确实把事情弄糟了,而又不知情,那么,不知者无罪。我们所能做的,就是事后及时沟通,把事情挑明了,使师生双方的意见达成一致。就算自己不便与老师进行沟通,还可以通过班主任老师或者班委干部等渠道与老师沟通。

第五,保住底线。牢骚可以发,脸也可以哭丧着,甚至摔盆子打碗的泼劲也可以使,但要记住,万不可骂人。因为一旦骂人,事情就会升级,弄得不好,师生还会大翻脸。你到学校是来学做人、学知识的,不是来与老师斗气斗法的,没有必要把时间浪费在这些无聊的事情上。因此,今后行事,不论是对老师,还是对同学,抑或是进入社会后对待陌生人,都要保住自己的底线,不要因为自己的不满而用一些语言去攻击别人,这样做,既伤己,又伤人,是最不划算的买卖。

阿亮看了我的信,神色委顿,一个人在门外待了一会儿。回来的时候,他说,老师,我给英语老师道歉。我笑着说,很好,孺子可教!

第二天,英语老师喜滋滋地告诉我,阿亮给她道歉了,态度非常地诚恳,英语课上也特别地认真。

很多时候,不是我们的孩子主观上要生锈,而是孩子的心灵生锈时,我们没能及时擦拭,以至于锈迹斑斑,进而报废。作为老师,要有一颗敏感温润的心,要能敏锐地洞察孩子的心灵是否有灰尘,要及时地义无反顾地帮助孩子擦拭他们沾满尘埃的心灵。

13. 用生命滋润生命

> 当一个人心里充满了爱，充满了对生命的敬畏时，他就不会去吸干别人生命里的水分。

一直以来，我都着力于经营孩子的心灵，和以前相比，进步是很大的。班里大多数时候呈现出一片和谐景象，不过，和谐的音符之中总有跑调的时候。比如雨菲，稍有不顺心，立即就会拉着脸，然后一脸寒霜，仿佛谁借了她的米不还似的，让看到的人阵阵心寒。你要问她什么话，她高兴的话，会答理几句；不高兴的话，不但不会回答，还会撅着嘴巴，将脸扭向一边。比如丽兰，只要不顺己心，不如己意，立即就会给别人脸色。一个周五晚上的第一节课，我们把课堂搬到草坪上，男生唱完歌后，王春随口说了一句，让三个女生也唱唱。丽兰闻言立马发飙，满脸不悦地说，我不唱又能怎么样？王春当时满脸绯红，羞惭地低着头。还有弓弓，看起来斯斯文文的，但是脾气倔强，谁要是在她面前说了不中听的话，她立即就会武力相加，虽然只是佯装打人，但也把别人的面子给打没了。很多人都认为男孩子心胸宽、气量大，其实不然。阿里，上一节课还好好的，下一节课心里可能就会下雨。如果只淋着他自己，也许还不会令人太难受，但他心中的雨淋湿的往往是别人。在很多老师看来，这些孩子的这些心性是细枝末节，可以不管，随着他们年岁的增长，自然就会消失。但我不这么看。当美文中的哲理无法启迪孩子的心灵时，当故事中的情节无法感化孩子的心灵时，当一次又一次的人际挫折不能警醒孩子的心灵时，我以为，老师应该站出来，真诚地告诉孩子：你这样做，很伤人。或者说：你这样做，我很受伤。

但是，当我站在讲台上想要说出上面两句话时，我选择不直接说出来，而是转了一个弯，先给他们讲我在八一班的感受。我说——

八一班有一个孩子，非常地情绪化，做人做事全凭心情。每个老师都觉得教他是一种痛苦，每个同学都觉得与他交往是一种折磨。比如，他心情好的时候，课会听，作业也会做。但当他心情不好的时候，逢着谁就把心灵的脏水泼给谁。遇到这种情况，负责的老师会抽时间找他聊聊，无非是想给他的心灵按摩一下，释放一下他的不良情绪。可是，他决不会领情，而是哭丧着脸，扁着嘴巴，并且把头微微偏着，一只脚的脚尖点着地面，还不停地抖着，根本不把老师的话放在心里。老师关心地问这问那，得到的回答永远是"哪知道呢"。老师要是不理他，过两天，他又没事了。因此老师和同学都觉得他太过情绪化，难以交往，于是，就懒得理他。很多时候，他就是孤家寡人。我开始以为是老师的交流技巧出了问题，于是想方设法从自己改起，可根本没有用。后来我发现，他与他的父母交流时也是这种情况，甚至更加恶劣。

现在，我们暂且不去追究他的问题的发端，我只是想说说我的感受。当我面对这样的一个人时，我只觉得我的生命在干涸、脆裂，然后蒸发。我觉得我在他面前就像一只离开水的鱼，因为我生命的源泉突然被他吸干了。好在我是一位老师，好在我是一个成人，我能够自我调节，及时为自己干涸的心湖注入清流。如果换做孩子呢？他们还不会自我调节，还不能及时把清流注入心湖，那么，等待他们的就是生命的干涸、生命的脆裂。更糟糕的是，当他们的生命遭到践踏的时候，他们的第一反应是去践踏别人的生命。

孩子们听我说完这段话，都沉默着。过了一会儿，我又说，其实人的生命是最脆弱的，生而为人，如果得不到关爱，得不到怜惜，得不到尊重，那么，这样的生命有什么温暖和尊严可言呢？同学们，你们别以为我无坚不摧，我其实非常脆弱，你们的表情、你们的肢体语言，都有可能带给我欢欣，但也有可能带给我痛苦。说完，我停顿了一下，望了望大家，然后，把目光投射到雨菲那里，又说，那天早晨，我心平气和地问雨菲头天晚上的自习课上得怎么样，结果雨菲把脸一扭，而且沉着脸。实话实说，当时我的心里真像打翻了五味瓶，酸甜苦辣咸杂糅在一起，非常地难受。其实，雨菲是多秀气的一位姑娘啊，为什么就不能笑一笑呢？微笑着面对每个人、每件事，那是多么惬意的心情啊！说完雨菲我又说了下丽兰和阿里，凡是平时喜欢把不良情绪带给别人的孩子，我都提到了。

说到最后，我告诉每个孩子：生命是需要滋润的，不是用物质，也不是用金钱，而是用真心，用真情，小心地、细心地呵护着，只有被生命滋润了的生命,才是温润的,才是丰盈的。当一个人心里充满了爱,充满了对生命的敬畏,他就不会去吸干别人生命里的水分。我们的教育难道不是要达到这样的目的吗?

第二辑 | 招招都是情，
　　　　情到深处即无招

不同时期的孩子会有不同的特点，面对不同的孩子，班主任老师该如何与他们过招呢?

1. 气焰，在老底揭破时灭了

> 作为班主任，摸清每个学生的老底，掌握他们的翔实资料，可以为今后的工作提供极为有利的帮助。

今天孩子们的汇报表演很不错，可由于有两个孩子没穿校服裤子，服装不统一，所以屈居第二。不过也没什么，重要的不是名次，而是孩子们认真投入的练习。只要向上的精神内核还在，我的班级就一定会有机会冲到前面去。

只是尤玖这个孩子颇让我费心。

因为他的"斑斑劣迹"，生活老师很烦他。其实，他也没有明显的"劣迹"，只是他那副不屑一顾、不以为然、自以为是、目空一切的样子，让稍有人生经验的人一看，便觉得这是一个特别令人讨厌的孩子。生活老师讨厌他，我觉得情有可原，毕竟她并非专业教师。可我要是讨厌尤玖，私人感情虽允许，但教师的职业感情不允许。因此，作为教师，我一点都不讨厌他；可作为一个母亲，我恐怕会讨厌他。我对他说，我从来不打人，但我要是有他这样的儿子，只怕已经打了一百回。

由于他很"另类"，所以生活老师悄悄对我说，要把尤玖调到大厅里，挨着她的床位，便于监督他。生活老师的责任心让我很感动，我欣然应允。私立学校的管理不同于公立学校，它是全天候的管理。校门口有四个保安把守，教室里有老师谆谆教导，每顿饭由老师领着到餐厅用餐，午休时由生活老师目不转睛地看着，晚修结束后，由教师亲自送到门口，清点人数，再由生活老师亲自接走学生。在这样一个严密的管理锁链中，要想做坏事，不大可能。不过，孩子们的心态也可能不好。因此，教师要注重对学生心态的调节与培养，让他们能有一个平和、宁静的心境。生活老师说要把尤玖的床位安排在她的旁侧时，我简直是求之不得。于是热情地帮生活老师安置学生，就是没理睬尤玖。尤玖看到同学的床位都有了着落，唯独没有自己的，就慌了，吼道，我的床位呢？我没理他，生活老师看看我，也没理他。尤玖更慌了，各个寝室找了一遍，都没有他的位置，又跑回来找生活老师。生活老师说：在对面，我的床位旁边！尤玖顿时急了，粗了脖子，红了脸，吼道，凭什么？我不去！生活老师也急了，说，我对我儿子也没这么负责，你要我怎么样？尤玖用八竿子打不着的话蛮横地吼道，你儿子？你儿子在哪里啊？找出来看啊？我也生气了，厉声吼道，李老师不过是用一个比方说明她很关心你，胜过关心她的儿子！你连这点都听不出，还自我感觉良好！尤玖泄了气，说了声，我不去那里！转身就跑了。生活老师的眼圈有点红，但是忍住了，继续和我一起安顿学生。

以尤玖的性格，如果今天他自己没有心甘情愿，他肯定不会去大厅跟生活老师住一块。就算去了，今后也会惹出很多事情惹生活老师生气。怎样才能制服他，让他心甘情愿地和生活老师住一起呢？

心念神动之间，许多有关尤玖的资料都浮现在我眼前。灵光一闪，办法出来了。好！我就利用这几天收集的有关他的资料跟他过过招吧。

于是我叫王春去把躲在角落里生气的尤玖叫来。我开门见山，直截了当地说，尤玖，你要是不去那里住，你就只能背着书包回家了，从此以后，没有哪所学校再要你！你别以为我不知道你的底细！前天，我不是反复给你透露过，说我知道了有关你的一个消息，我很郁闷吗？你当时还问我是什么消息，我不是说永远都不会告诉你的吗？尤玖点了点头。我继续说道，但是，现在，我要告诉你了，我觉得没必要瞒着你！因为你的言行令我很失望，我没必要为一个令我失望的人保守秘密！

尤玖一时间有点发傻，愣愣地望着我。我说，我是这学期才来的，很多信息我不知道，但是其他老师知道啊。所以他们都坚决不要你！其实，我在分班之前已经知道你的所有底细了，但是最后，我还是说服我自己接受了你。因为如果我也拒绝接受你，那么，你就永远失去了进学校的机会！现在你这个样子，我也不想接受你，你走吧！因为那些底细，不论你走到哪里，都只能是被赶出校门的结果！

尤玖傻眼了，直问我是什么消息。我看是火候了，就说，你在以前的学校逃课、上网、打群架……说得委婉些，是被学校劝退的，说得直接点，你就是一个被开除的学生！你别以为你的这些底细我们不知道！就是因为知道你缺乏自控能力，所以学校领导、生活老师和我才商量出这样一个帮助你的措施，可你却不知感恩，我真是太失望了。

尤玖听我说完，不再说话，像个瘪了的皮球，刚才的气焰一下子消失得无影无踪，无力地站在那里，说，我去那里睡就是了。

看到尤玖低了头，我一抹之前的满脸黑霜，笑着说，其实我通过这周的观察，觉得你的本质真的不坏，心地也很善良，头脑也很聪明，你完全可以选择过一种有尊严的生活，干吗要去做那些无聊的事情呢？尤玖很老实地说，我当时就是觉得刺激，没有别的意思。或许这是一些孩子的通病吧——空虚无聊，缺少父母的关爱，因此他们总想去寻求刺激。

我和尤玖在林荫道上谈了大约30分钟，他一直老老实实地听着，不时地点头，答应我今后要逐渐地改正自己的诸多缺点。我看目的达到了，也就不再啰唆，只给他提了一个很简单的要求：改正侧身而坐和跷二郎腿的毛病。这个要求看起来简单，但对于尤玖来说，却不那么简单，因为他的许多坏习惯都已经成了自然，甚至有些想法都已经成为他的一种价值观了。

在与尤玖的对局中，我以明显的优势胜出，这皆因我之前不断地观察、收集，获得了翔实的资料，摸清了他的老底，才能将他"制服"。难怪古人说"把柄在手，可以作圣矣"。作为班主任，摸清每个学生的老底，掌握他们的翔实资料，可以为今后的工作提供极为有利的帮助。

2. 将计就计惩顽徒

> 班主任不能仅仅准备常规育人方法，还要为一些不按牌理出牌的孩子准备一些他们预想不到的招数。

下午第四节课，我说，咱们把黑板报换一下吧。还没等我安排人手，陈伦就急不可耐地举手说，我来！我知道陈伦是故意捣乱的，他无非是想看看我的反应，探探我的底，看今后能否把我踩住。他是正式分班时才过来的，虽然时间不长，但以我多年的阅人经历来看，他绝非老实人，而是一个欺软怕硬的角色，惹得起的一定会惹，惹不起的就像阿Q一样来点精神胜利法。而且他曾经在乔中混过，混不开了，只得到处求告，最后来到我们学校，被分到我的班上。我虽然不会像他以前的老师那样打骂他，但也不会轻易放过他。既然来了，我就要让他学会做人，学会明理，学会规范，学会倾听！于是我顺势答应，好！大家听好了，我现在就任命陈伦为这次更换黑板报的主帅，我希望陈伦能招几个兵帮他出色地完成任务！说完，我又揶揄道，你的人际关系没问题吧？陈伦愣了一下，马上反应过来，没了之前的狂妄，蔫蔫地说道，我不行，我不做了，我刚才说的是假话，我以前都是这样的，老说假话。

我笑着说，哪里是假话？我分明看见你的眼神是那样的真诚，眼光是那样的渴盼，要是不让你做，我都有一种"犯罪感"。再说了，没有金刚钻，怎敢揽那瓷器活？我相信你真有本事，所以这件事就这么决定了，我只认你，周三下午我亲自找你验收黑板报！结果的好坏我不计较，但我一定要看见那个过程！

陈伦傻眼了，老实了，说，老师，可不可以改变一下，让那些女生做？她们做得好一些，可以为我们班争光。我脸色严肃，正色道，不行！我不在乎争光不争光，我在乎的是陈伦能否把这块黑板报更新！我在乎的是陈伦会不会令我失望！总之，没话可说，周三我直接找你要结果！说完，我快步走出教室。

我之所以快步走出教室，是因为我害怕陈伦纠缠，致使我改变主意。一旦改变主意，今后想要收服这个怪僻顽劣的孩子就难了。

晚修之前，我到教室去，看到陈伦带着几个男孩子在擦黑板，看架势是想开工了。我立刻吹捧道，哇！陈伦不愧为陈伦，我的眼光啊，就是不错！我故作得意。这次陈伦没了玩世不恭，而是有点低三下四，央求道，老师，我真的是在说假话，我是故意那样说的，我怕我做不好，你换人吧。我坚决答道，不行！非你做不可！我对你有信心，效果我不追究，过程必须有！一个男子汉，做出了承诺，就必须兑现！这事没有商量的余地！

陈伦看我的话很硬，没了商量的余地，就不再央求，而是转身向旁边的同学讨好地说，你帮我做好不好？我不再答理陈伦，转身找别的同学说话去了。

如果孩子心理没病，那么，一些不规范的行为，只要老师有足够的耐心、爱心，是很容易改掉的。但是，如果孩子心理有了暗疾，那么改变起来就特别困难，甚至找不到突破口。

不过，让我惊喜、得意的是，陈伦在苦求无效，哀告无门的情况下，不得不找人"收拾"了后面那块黑板。虽然还没完工，效果看起来也不怎么样，但毕竟这让玩世不恭、桀骜不驯的陈伦低头了，而且他老老实实做出来了，我觉得这很值！哪怕评比时给我打个倒数第一，我也觉得我的收获远远大于顺数第一！

颓丧了几天的陈伦，终于露出了笑脸，竟然在课间走到讲台旁，一副侠肝义胆的样子，说，老师，你在外面要是有事，我给你处理！我哼哼一声，说，我在外面不会有事的，即便有事，我也会找警察处理！

新的班级在建设初期，师生之间都在彼此观察，试探。尤其是一些顽劣的学生，他们会寻找一切可能的机会来试探老师，时不时向老师投射一枚炸弹，然后躲在一边静静地看老师的反应。如果老师看不清形势，缺乏机智，不能临场应变，那么很容易就会被学生吃住。因此，班主任不能仅仅准备常规育人方法，还要为一些不按牌理出牌的孩子准备一些他们意想不到的招数。

3. 杀鸡骇猴

> 孩子吧，有时你还真的不能给他们长脸，尤其是那些一夸就顺竿而上的孩子，一宠就骄横霸道的孩子，一有成绩就自我放纵的孩子，一好就想遮百丑的孩子，你要是不让他认清形势，他今后连自己是谁都会搞不清楚。

还没到海南的时候，我设计了很多种与学生相见的场景。那种历经二千里江山才能眼神相遇的奇遇令我很是憧憬。学生都没看到，我便设计了一个十分周密地了解学生的信息表，而且按照以往的带班经验写了详尽的带班计划，甚至还产生了给每个未见面的孩子写封信的冲动。可是，等我见到这群孩子的时候，我只能说，他们跟我以往的学生相比，差别实在太大了。

只是，我还没到言败的地步；只是，我还没有放下战旗的意思；只是，我知道我还掌控着全局。但是，我不得不承认，我也在与"狼"共舞！

今天，经过推荐、自荐，以及我的指定，新的班委终于产生了。接下来是培训新班委，无非是说一些鼓励、鼓舞的话，并做好分工，明确职责。

我想说说王春这个孩子。按理说，这场"整风运动"不论怎么"整"也不该"整"到他头上。可我就是想找个机会修理他！杀鸡骇猴嘛！

王春，分班时以全年级第二名的成绩分到我班，全年级第一名恰好是他妹妹，分在二班。他智力不错，人也长得高大英俊。但他很浮躁，自控力特别差，也没什么规范意识。他和尤玖走得很近，两个人互相打闹，彼此唱和，真是锣鼓配铛铛，配成一双双。尤玖是何许人也？即便没人招他，他也想得出办法干扰别人，打扰课堂，何况王春还是一个沙土地里的萝卜，一扯就出的人物。如果我不加干预的话，王春是很容易被毁掉的。

尤玖已经够我头疼的了，我不想再看到"第二个尤玖"出现。因此，我把他的座位与尤玖的座位调成对角。然后又旁敲侧击地对他的父亲说，王春这孩子素质不错，值得培养，但是自控力比较差，希望家长回家好好告诫孩子，尤其是要告诉孩子如何交朋结友。可是王春把我的话当成了耳旁风，也没买他老爸的账，仍然一意孤行。

今天正好是他的清洁值日，并且恰逢大扫除。论理说，大扫除应该多派一些人手。但我偏不，理由是，每个学生都承包了各自位置下的地板砖的清扫任务。另外，我一直以为人多容易窝工怠工。不是有"一个和尚挑水喝，两个和尚抬水喝，三个和尚没水喝"的故事吗？我知道王春是个嘴上没毛，办事不牢的家伙。再则，我也想整一整他。因此，我在第二节下课时，找他谈心，强调了学习、纪律、清洁的重要性，也明确告诉他今天要搞清洁，但在时间上我故意模糊。他连连答应。中午午餐的时候，我又在餐厅提醒他，但我提醒得还是很含糊，没说具体时间（如果他是一个沉静的孩子，就一定会注意聆听老师的讲话，可惜，王春不是这种人）。王春当时向我保证：一定搞好！我抿嘴坏笑，说，那好！我等着。

可是午餐用毕，我及时赶到教室，一个影子也没见到一个。我等啊等啊，等了很久才看见苏光（其实不关他的事）来了，王春还是不见踪影。再等，还是没来。眼看着检查时间就要到了，王春还是没来。我心里的火终于起来了（我是一个很不容易发火的人，但今天正好，我不是要"烧"王春吗？放纵自己发一回大火吧）。叫苏光到宿舍去找，苏光嚷着自己受了重伤（周末骑自行车擦伤了几处皮，没他嚷的那么严重），但还是去叫人了。

王春来的时候，我已经拿着扫帚在打扫了，我满脸黑霜，用阴沉的语气说，王春！你是一个没有责任感和自控力的男人！我很鄙视你！你听好了，你得为你的失职付出代价！那就是罚扫地一周（这可不是信口开河，早晨一进教室我就安排了这周的清洁值日，然后宣布了规矩），直到我满意为止！王春显然是吓着了，一声不吭，赶紧拿起扫帚打扫。苏光也在不停地帮忙。我满脸寒霜，一言不发，不停地扫地拖地，汗水顺着我的面颊和脊背不停地往下流（我本来不想扫，但是检查的时间马上就到了，我不能拿班级考核来修理一个学生吧，这毕竟关系到大家的利益呢）。

我之所以要这样来修理王春，实在是因为他"罪有应得"，并且他还是一只经得起杀的鸡。凭他在班上的地位，也足以吓着那些跃跃欲试的猴！本来，我把尤玖的舞台给拆了，没有了舞台，没有了观众，演员还有多大兴趣？可是王春，偏偏要做他忠实的粉丝！两人"隔河而居"，竟然还要相互照应，彼此干扰，干扰自己不说，坐在中间的孩子可遭罪了。

王春自恃成绩好，一直自我感觉良好，他以为我不会拿他怎么样。再则，众多学生也以为老师偏爱成绩好的学生，不想把王春怎么样。在这样的一种情景下，我这第一把火不烧向王春，行吗？

下午放晚学的时候，我从八一班出来，一眼看到我的那群孩子散站于门旁。走近一看，原来是王春挡住了那些急着吃饭、偷奸耍滑、忽视自己自留地的孩子，要他们回教室做清洁。看到我进了教室，王春竟然显出少有的谦卑问我做得如何。我沉住脸，不冷不热地说，还可以。转身离去。

鸡杀了，猴果然被骇住了。整整一周，教室里安安静静，并且清洁卫生出奇的好。

现在回想这件事，我觉得达到了效果！孩子吧，有时你还真的不能给他们长脸，尤其是那些一夸就顺竿而上的孩子，一宠就骄横霸道的孩子，一有成绩就自我放纵的孩子，一好就想遮百丑的孩子，你要是不让他认清形势，他今后连自己是谁都会搞不清楚。

4. 师生斗法

> 我也不奢望我能感化他，但是，就算不能感化他，我也要做，因为做了总比不做好。

下午第四节课是年级篮球比赛，一班对抗二班。以一班的实力，要赢二班那是稳操胜券。因为我班有四员猛将啊！他们分别是陈伦、贾亮、班图、王春。这四大金刚个子高大，而且篮球玩得很熟，实力摆在那里，因此，我也很放心，把这件事全权交给体育委员贾亮，就没管了。

可是，等到下午第三节课我到教室组织大家上篮球场去的时候，好多孩子忧心忡忡地对我说，老师，陈伦、贾亮、班图三个都不上场了，我们班肯定打不赢二班了。我笑笑，说，没事，就算打不赢，只要参与了，就是英雄。话是这样说，但我心里很不是滋味。我明白，贾亮、班图不上场，一定是陈伦在搞鬼。因为周一的时候，我给陈伦换了座位，引起了他极度的不满。至于我为什么要给陈伦换座位，这话说来就长了。

陈伦一直坐在教室的后面，一个人占据着两张课桌。这两张课桌不但没有被陈伦利用来写作业，反而成了他睡觉和搞小动作的工具。由于坐在最后，距离老师比较远，因此要提醒他很不容易（语言提醒会引起他对老师的敌意，因此只能到他旁边，悄悄地拍拍他的肩膀）。但是，就算老师一节课提醒他十次，他仍然不会听课，不但不听课，还会因为无聊而干扰前面的贾亮和班图。陈伦是一个很偏执的孩子，就算你夸他，他也认为这夸奖中带有不纯的动机，何况是提醒他学习和不要干扰同学呢。因此，时间一长，老师就懒得提醒他了。可是，这对他、对班级的影响都极大。思来想去，我觉得把陈伦换到靠近老师的位置比较好：一是减小了他对贾亮和班图的影响；二是将他调到前面后，巡视的领导就不会太注意他，对他的负面影响就会减小；三是距离老师近，老师可以及时地提醒他。但是，考虑到陈伦的个性，我没有硬来，而是与他商量。他也同意了，还主动把位置换到前面来。可是，才坐了半天，他就私自跑到后面去了。这一次，我没有依他，而是让他回到前面来。没有顺从他的结果就是遭到了他的极端敌视。因为我，他首先表达了对四川人的不满，然后故意在学生会干部面前违纪，以造成对我班的不良影响。当然，陈伦没敢在我面前公开宣战，但实际上他已经在向我发出挑衅了。但我没理他，每天装聋作哑，保持着愉快的心情在教室里与孩子们有说有笑。

或许是因为我没发怒，或许是因为我没有理会他，先是他自己拒绝参加与二班的篮球比赛，接着把贾亮和班图笼络过去。这小小的孩子，花样真多啊！但这又不得不令我感到心悸，更感到寒冷，我不知道陈伦的今天该由谁来埋单。

现在，回过头来说教室里的情况吧。看到我出现在教室里，贾亮和班图迅速地离开了，而陈伦则故意在教室里大声地说，我要二班赢，我要为二班加油，二班赢！二班赢！孩子们愣愣地望着我，又望望陈伦，表情很复杂。我笑笑，说，谁赢都一样，如果二班打得好，我们也要为他们鼓掌。于是带着孩子们下楼到了球场。

到了球场，我看到了贾亮和班图，走近他们，故意问，听说你们不上场，是吗？这两个孩子倒也直接，说，是啊。我笑着说，为什么呢？两个孩子顿时扭捏起来，说，不为什么，我们打不好，不想打。我仍然微笑着说，我知道这里面的原因，我要告诉你们，你们两个都是班委干部，要想在班上奠定你们牢固的地位，你们唯一的选择就是上场去拼！其他的，等打完篮球再说！我还要告诉你们，有些事情的真相你们并不清楚，因此，当个人友情与班级利益发生矛盾时，你们最好以大局为重，明白我的意思吗？两个孩子有点犹豫，悄悄地看看陈伦。我说，什么都别管，上场再说，打不打得赢，并不重要，重要的是要向别人证明我们班有人！我一边说，一边把两个孩子推上场。我心里明白，贾亮和班图心里是很想上场打的，只是受了陈伦的唆使。只要我把他们推上球场，他们一定会拼命的。

情况果然如我所料。我班的孩子们一上场就拿出了敢打敢拼的本色，配合、发挥得很好，且连连进球。场外传出了我班拉拉队火爆的呼喊声，场上的孩子们打得更起劲了。而陈伦呢，开始坐在我班队伍里说着消极的话，口口声声"一班输，二班赢"，而且声音很大。这样的论调对我班的士气是很有影响的。因此，我回头冷冷地对他说，如果你还承认你是一班的，就闭嘴！陈伦看我脸色严肃，没敢吱声，一个人溜到对面去了。当然，他仍然在那里吵闹。比如二班进了一个球，他就故意高声喊叫，"二班赢，一班输"！要是一班进了一个球，他就会在一班拉拉队的高呼中沉默，进而失落。事情哪有陈伦想象的那样简单呢？我们班的实力或许比不上三班，但比之二班实在是绰绰有余。因此，我班一直领先，而且是遥遥领先。拉拉队一阵又一阵的高呼和火热的掌声，表示一班打赢二班是毫无悬念的。

陈伦一个人在对面喊了一阵，看大势已定，很是郁闷，还没看完，就拎着书包走了。除了我目送他离开球场外，没有一个人注意他。他一个人落寞地走了，我突然觉得，陈伦好可怜！

晚上，我大大表扬了我班的运动员为我们班争了光。至少，这一战之后，我们班不再是年级倒数第一了。同时，我也找贾亮和班图聊了天，提醒他们在重视友情的同时别忽略了学习，更别忽略了做人。顺便，我也说了我为陈伦换座位的真实想法。

论心思，这两个孩子都比陈伦单纯。尤其是班图，从内蒙古来的，根本没有任何心机，只要谁对他好，他就对谁好，根本不问是非。贾亮虽然是海南本地人，但生活在一个和睦幸福的家庭中，并且又是家中的小儿子，因此，贾亮做事一般都是凭感觉。

至于陈伦，他是走读学生，晚上不上晚修。但我回家以后上网时，看见他在线，就把我写的《我为什么要给陈伦换座位》发到他的邮箱里去了。我也不奢望我能感化他，但是，就算不能感化他，我也要做，因为做了总比不做好。

5. 不爱，才是一种爱

> 但是，我要坚持，就算是我一厢情愿，我也要努力引导他们，也要把掉进污水中的人拉上岸。因为这是一种不容我置疑的度人功德！

中午下楼到餐厅吃饭，隐约看见李改逗留在教室，要是放在以前，我一定会去催促他到餐厅吃饭。现在，我则不会去叫他，要吃就吃，不吃拉倒！呵呵，如果不看后文，读者一定会认为我是一个极没爱心的老师。

对于李改而言，不爱，才是一种爱！

这在很多老师眼里，或许是一种奇谈怪论，以前我也是不相信的，但是，在李改身上，这句话得到了验证。

李改性格内向，不喜欢与人交往，整日沉浸在漫画之中，尤其是在课堂上喜欢写小纸条，画小人儿，折纸。老师要是柔声柔气地提醒道，李改，听课啦。他便会满脸不悦，拿眼瞟着你，然后，继续写他的小纸条，画他的小人儿，或者折纸。老师要是双眼一瞪，恶狠狠地吼道，李改！你要是再不听课，我就对你不客气了！他就会愣怔一下，赶紧进入听课状态。

李改个子小，所以他从不在肢体上主动攻击别人，但要是跟他差不多个头的孩子动了他的东西，或者把手放在他的桌子上，他一定是不饶的。如果遇到个头比他大、态度比他强硬的孩子，他则非常害怕，常常到老师那儿告状。

李改偶尔也会闹绝食，之前我都会耐心地劝他，甚至还让自己一起绝食陪着他，结果他并不领情，仍然由着性子来。后来我读懂了李改，当他绝食时，我索性不管他，装作什么事都没有，他自个就乖乖地吃饭去了。

摸准了李改的脾气，我表面上就"不爱"他了，要么对他的所谓受伤置之不理，要么对他的不良行为恶声大气。结果，李改与上学期相比，简直判若两人。

那么今天中午，他为何不到餐厅吃饭呢？

开始我并不知情，等到了餐厅才听历史老师说——

上午第四节课，由于内容牵涉饮食文化，所以出示了"烤全羊"的图片。李改一看，当即笑出了声。于是，整整一节课，他就在座位上望着苏光念念有词——"烤全羊""烤乳羊"。每个孩子都知道李改所指的是苏光，可他又没说穿，所以苏光虽气得要死，但又不敢明目张胆地去找他。

下课后，李改更加嚣张，对着苏光说得更大声了。这下苏光的怒气犹如黄河之水天上来，再也遏制不住了，扑过去，抓住李改就往他身上挥了一拳，对挨了两个耳光。苏光身高体壮，论发育，论体力，李改哪里是苏光的对手！所以，挨了一顿打，他一下子就老实了，傻坐在座位上不再吱声。

我听完历史老师的述说，笑着说，这打啊，该挨！

是的，这打该挨！打架并非都是坏事。挨打的人也并非都是弱者！李改如果听得进道理，懂得呵护人心的话，他早就该停止对苏光的羞辱了。可是，他没有，而是吃定苏光，所以加倍地肆无忌惮。这种不把别人放在眼里，更不把别人放在心里的"玩人"心态在现今的中学生中很普遍。俗话说"玩物丧志、玩人丧德"，出现这种行为不该挨揍吗？唯有他痛了，他才知道，"玩人"是要付出代价的！他也才会停止对别人的玩弄。因此，我为一直隐忍的苏光叫好！

现在，再回过头来说说李改是怎样"玩人"的。

李改要是看不惯某个人，不会在公开场合叫骂，但会使很"阴毒"的招数。苏光上学期不小心得罪了他，他就给苏光取绰号。这个绰号取得让全班每个人都知道是指苏光，却又让苏光气哭，以至于找不到话来回击。它是什么呢？"扬——羊"。要是苏光不予理睬，他就大胆地把"扬"变成"羊"；要是苏光反应强烈一点，他马上又改成"扬"。并且他不公开言说，更不公开叫骂。他要么是趁教室里无人时，恶作剧似的在黑板上写满诸如"杀羊""宰羊""烤全羊"之类的词语，引得全班同学哄笑，让苏光气恼得足以发疯，却又找不到发泄的对象；要么是在小纸条上写满与"羊"有关的词语；要么是在小纸条上画一只羊，暗示这是苏光，然后将一把尖刀插在羊身上；要么是做一个可以折叠的纸盒，里面写满了对苏光的咒骂，然后反复地开关、挤压。如果上课时，老师提到与羊有关的词语，瞌睡惺恢的李改马上就会来劲，甚至笑得咯咯作响。先是全班学生莫名其妙地望着他，接着会意，然后大笑，只剩苏光哭笑不得、气恼万分，却又无可奈何。

  针对此事，我与李改通过口头、小纸条、QQ等多种形式交流过，但始终没能使李改停止他的"玩人"行为，相反，他乐此不疲。

  后来我索性劝慰苏光，就当李改没长大，不予计较。苏光强忍心头之气，也不怎么与他计较。大家也就慢慢淡化了，但李改还是乐此不疲，经常在桌肚里写满对苏光的戏弄，并且还会像巫师念咒一样地反复咀嚼与羊有关的词语。

  是什么原因使得李改有这样的心理呢？很多孩子的内心没有得到经营就会变得极度粗糙，他们根本不懂得什么叫善解人意，更不懂得去呵护别人的内心。他们喜欢把别人的短处拿来取乐，而且是公开地取乐。尽管我从上学期到现在一直都在殚精竭虑地贯彻我的"经营心灵"理念，经常给他们读美文、讲故事，但是班上仍然存在"玩人"的现象。

  或许，我不该埋怨什么，因为孩子是无辜的。他们变成这个样子，可能与没人引导有关。但是，我要坚持，就算是我一厢情愿，我也要努力引导他们，也要把掉进污水中的人拉上岸。因为这是一种不容我置疑的度人功德！

6. 装聋作哑

> 教育,本来就是度人的功德,如果班主任把名利太当回事了,是不可能以一种淡定、从容、原谅、理解的心态来为学生的人生做铺垫的。

从去年到今年,李改一直在变着花样骂苏光,而苏光一直在隐忍。昨天的历史课上,因为"烤全羊"的图片再次引发了李改的骂人瘾。他巫师念咒似的足足骂了一节课,终于惹得苏光火山爆发。不用想象,李改实实在在地挨了一顿拳脚,外加两个耳光。

或许是李改觉得委屈,或许是李改在自省,中午他躲在教室里绝食一顿。

生活老师对苏光说,谁打了人,谁去哄。苏光气哼哼地回敬道,吃就吃,不吃拉倒!凭什么我去哄?我笑着对生活老师说,不用哄,挫他一挫,一顿饭不吃,饿不出问题,念叨了一节课的烤全羊,想来也该饱了。

于是,众皆不理。直到打铃该午休了,我才叫王春到教室把李改"押"回宿舍。

然后,我一直装聋作哑,只当事情从没发生过,也当李改是空气,并且还故意在他面前与苏光说说笑笑。但是背后,我也告诫苏光,打了这一次,就不要再出手了,不管怎么说,李改是同学而非敌人,人民内部矛盾不需要用武力来解决。苏光出了气,也没遭到我的严厉指责,自然欢天喜地地允诺,说今后再也不打人了。

令我没想到的是,李改挨打之后竟然出奇地老实,上课也出奇地认真了。下午第一节课前我到教室巡视,竟然看见李改在专注地做地理作业,那姿态、神情专注得令我直后悔没带相机到学校来,不然,我一定要给他拍一个特写。

晚上第一节课间,我坐在第一排评阅作文。李改靠了过来,弯着身子看我读文章。我装作很专注的样子,就当没发现他。过了一会儿,李改怯怯地叫我，老师。我头也没抬，只简单地"嗯"了一声。李改声音大了一些，还是怯怯地叫道，老师。我装作恍然大悟的样子，抬起头，看着他，说，什么事？李改看我回应他了，声音里少了怯怯的成分，说，我期中考试语文考多少分算合格？我笑着说，你自己定吧。李改完全没了怯怯之气，底气十足地说，考75分吧。我把自己从作文本上完全移开，将胳膊肘支在桌上，然后搓搓手，十指交叉抵住下巴，微笑着说，很好！你月考语文71分，期中考75分，有进步！我会记下你的进步，在下次的家长会上向你的家长展示。李改仿佛受到了鼓舞，雀跃地说，老师，我期中考一定要达到75分，然后再向80分进攻。我提高声音，有点夸张的惊喜地近乎叫出声来，很好啊！李改，老师听到你这句话心里好高兴啊！

李改满意地回到了座位上，后面的两节课他都进入了听课状态，并且还拿出作业本，按要求完成了作业。

说实话，我从来不把学生之间的打架看作是多严重的事情。孩了，尤其是男孩子，就是在打架的过程中成长起来的。当然，这种打架跟恶意的斗殴是两码事。我说的打架，近乎小动物之间的嬉闹和试探以及成长中的练习。因此，不是每一次的打架事件都需要老师插手去处理，有些时候，老师还是装聋作哑比较好。

很多班主任，对班级工作可谓兢兢业业、呕心沥血，视学生如己出，只要学生出了一点事情，马上就第一个冲上去着手解决，他们的生命、他们的血液，仿佛都融化到教育工作里去了。可是，这样的班主任往往不受学生欢迎。

为什么会出现这种费力不讨好的现象呢？

据我观察，是因为这些班主任眼睛睁得太大，耳朵张得太开，嘴巴开得太阔，活儿干得太多，名利看得太重。事无巨细，不论对错，都要插手并且深究。

看什么都不顺眼。看着学生就来气，横看竖看，学生都有毛病，但是却忘记了自己也有很多毛病。

不论听到什么都介意。人多嘴杂，人小嘴多，老师要句句较真，哪里还有一颗童心存在？没有童心的老师，受得了学生的各种"不可理喻"的言论吗？

不论何时都要滔滔不绝地说教。犯错是孩子的权利。孩子犯一次错，就获得了一次成长的机会，这本来是很值得挖掘的教育契机，结果老师却急中无智，口不择言，把学生逼成了自己的敌人。

什么事情都自己干。学生就是那个样子，你要干，你就干吧，我才懒得理会呢。结果，老师累得像老牛一般，学生却不是在一旁偷着乐，就是在一旁说风凉话。

把学校考核看得太重。或许，学校的考核会与经济挂钩；或许，学校的考核会与评职晋级挂钩；或许，学校的考核可以证明自己。但，那都不重要！重要的是教师要立足于学生的长远发展，尽心尽力地为学生做人生的铺垫。教育，本来就是度人的功德，如果班主任把名利太当回事了，是不可能以一种淡定、从容、原谅、理解的心态来为学生的人生做铺垫的。

所以，依愚之见，班主任有必要修炼装聋作哑的功夫。

7. 装

> 对于插班生，老师应该本着信任和接纳的心态，根本没必要对他的从前挖根究底。

装，如果仅仅作为动词来说，无所谓褒贬。但要在它后面加上宾语或者使它演化成带"装"字的词语，它很有可能就会变成贬义词，诸如装傻、装蒜、装帅、装腔作势、装模作样等。不管怎么变化，只要词语里有了一个"装"字，难免就有作假的嫌疑了。因此，很多人都怕"装"，仿佛沾上这个字，就与假冒伪劣有关了。可是我，偏偏要在"装"字上做文章，我要暗示新来的四个孩子学会"装"，装什么呢？装优秀！

通过几天的观察，四个新来的孩子虽然学力各有不同，但行为都还挺规矩的。虽然吴胜接触的人稍显复杂，但从他的眼神来看，他的心态应该很健康。根据我多年的从教经验，孩子到了新学校，刚开始都会有意地隐藏自己的缺点，然后，慢慢地观察老师的言谈举止，琢磨老师的性格特点，一旦琢磨透了，知道了老师的招数后，便会故态复萌、原形毕露。因此，我要赶在学生露出原形之前给他们定个调，指条路。

于是，利用下午的体育课，我将四个孩子留在教室里，一脸灿烂地把他们赞了一通，他们听得眉开眼笑。趁他们的笑意还没退去的时候，我又言之凿凿地说，不论是先来的，还是后到的，只要入了我的门，都是我的学生，没有特殊与一般之分，因此，你们不要因为自己是后来的，就感觉自己低人一等，我希望你们尽快融入班级，理直气壮地把自己当作"奋进班"的成员！四个孩子听得直点头，尤其是吴胜，双手层叠在桌面上，眼睛直视着我，听得非常专注。我明白，吴胜的心是向我敞开的，我叮嘱自己千万要细心，说话做事都要站在孩子的立场上去理解他们，千万不可因为自己的疏忽、粗糙和叨叨不休的大道理让孩子的心灵上锁。

我转而小声且善解人意地说，其实我非常理解你们此时的心情，中途转学，初来乍到，一切都要去适应，心里必定是忐忑不安的。我还记得我小学四年级时也做过插班生。那时我是从一所村小转到镇中心小学。实话跟你们说吧，转学之前的我，学习差，又不守规矩，整天像个疯丫头，不是骂人，就是打人。后来转到镇中心小学，那可是一个优秀的班级，为了不让别的同学知道我以前的不良行为，于是我装出一副老实认真的模样，咦，别说，这一装，还真管用，我的学习竟然慢慢好起来了。由于装斯文，不再骂人打人，我和同学的关系也比原来融洽多了，我竟然有了许多朋友。我才知道，原来装好学生是多么的愉快啊！于是，我再也不想脱下自己的伪装。慢慢地，那身伪装变成了我的真正面目。我竟然弄假成真了！我由一个差生装成了优生，由一个不受欢迎的孩子装成了一个人见人爱的孩子。

后来，在工作中，我也装，装作自己很优秀，但又害怕别人看出我的愚蠢。于是，我暗暗地加倍学习，努力地工作，经过多年的磨炼和坚持，我竟然真的优秀起来了。

所以啊，插班生有插班生的好啊，至少，可以与不良的昨天告别，与不好的自己挥手。

我没有对孩子说，你们装吧，装作自己很优秀。我想，故事说完了，孩子们也明白其中的道理了。

对于插班生，老师应该本着信任和接纳的心态，根本没必要对他的从前挖根究底。我就对他们说，以前种种譬如昨日！我只看现在和将来。就如我们为自己套上一件新衣，就决不希望别人来揭开新衣察看里面的旧衣服有多少个破洞一样，那样，我们会因为难堪而抵抗，更会因为失去尊严而对抗。因此，对待孩子，我们要看到他身上的新衣，然后，再慢慢地告诉他，最安全最可靠的办法是，减少或者消灭新衣里面旧衣上的破洞，那样，不管在何种情况下，脱下新衣，他们的旧衣都能见人，那样，心便坦然。

8. 送你一面照妖镜

> 帮助，不是对着学生说一番让学生如坠云雾之中的大道理，而是给学生提供可操作的办法，实实在在地帮他们解决问题。因为这样的教育才是真诚的、有效的。

田心在"奋进班"混了半个学期，自我感觉很好，常常在得意忘形时自揭画皮。他那乖张无理的言行常常令老师和同学气恼。所以，滚打半个学期就挣得了两个"荣誉称号"——小流氓和讨厌鬼。老师们评价田心的言行举止像个小流氓；孩子们评价田心的行为时，说他是个超级讨厌鬼。

确乎如此。我作为班主任，虽然不会这样来评价田心，但我很清楚他的习性。只要田心不说话，或者坐着不动，不论怎么看，他都是一个超可爱的机灵男孩。但他的说话、举止，就跟外面的混混一个样。不过我也要说句公道话，虽然田心浑身的痞气，但他的心地还是很干净纯良的。只是，如果不指引他内省自己的所言所行，不指导他面对自己的缺点，不督促他修正自己的不足，那么，今后田心就会演变成一个真正的混混！

事实上，田心来了两周就暴露了不少缺点，但那个时候只是偶尔为之的小缺点，不足以做大手术。就如一个人身上长了疮，如果那个疮没有养熟，就贸然动手术的话，疮是剔除不干净的。因此，我一边故意放纵着他，一边又暗暗收束着他，静静地等待田心把"毒疮"养熟。如今，他获得了两个"荣誉称号"，显然"毒疮"已经成熟，是该把他推向"手术台"的时候了。

中午放学时，我单独留下田心，先兜圈子：今天中午吃鸡腿呢，呵呵。田心虚眯着眼睛，不以为然地说，是呀。我笑笑，然后故弄玄虚：还有比鸡腿更重要的事情，与你有关的，想不想听？于是田心的好奇心来了。我见状故意绕圈子：我想说，又怕你中午没食欲，吃不下鸡腿。田心有点急了，说，不会，说嘛。我继续绕他：那你听了不要伤心哦，不要埋怨哦，不要恨别人哦。田心有点胆怯，但还是硬着头皮应承了。我坏笑着说，你可以选择不听，因为你听了这话一定会生气。

话说到这个份上，田心要是不听到简直会食不知味。我看铺垫做得差不多了，就说，想知道大多数老师对你的评价吗？田心点点头。我说，老师们都有一个共识，那就是他们认为你的言行举止就像一个小流氓。

田心是非常自恋的一个孩子，他做梦也没想到老师们会这样评价他，眼泪立即吧嗒吧嗒地掉了下来。我笑着说，说好不生气的啊，现在吃饭去了，走吧，吃鸡腿去。说完，我转身从前门翩然而出，伫立在门角偷看到田心从后门怏怏而去，然后紧随其后步入餐厅，直到看见田心坐在餐桌旁边闷闷地吃着鸡腿才离开。

这或许有点残忍，我的所作所为简直就像个长舌妇。但是，我不去当这个长舌妇，又让谁去当呢？与其让老师们的评价像风一样吹到田心的耳朵里，还不如由我郑重地告知他。一个人，不知道别人或许无所谓，但是要不知道自己就很可怕了。田心之所以乐此不疲地表演着他的画皮人生，是因为在他的价值观里，他认为他的所言所行都是正确的，都是讨人喜欢的。阿德勒有一个观点——影响儿童的，不是事实本身，而是他对事实的看法，也就是说，影响儿童未来之我的，是他对过去之我的看法。按照这个观点，我就应该点醒田心，让他对自己的言行进行思考。只有他想清楚了自己的错误，才有可能促使他养成新的行为习惯。

下午有体育课，我非常郑重地约田心在体育课时到办公室来找我。田心没有爽约，准时到了我的办公室。

我笑着从包里拿出我的小镜子，往他面前一晃，说，看到了什么？田心很疑惑，但还是老老实实地回答，看到了我自己。我说，这面镜子只能照出你的外在形象，我送你一面照妖镜，这面镜子可以照出你的本来面目。田心迷茫了，怪异地看着我。我说，其实，我今天所说的真话就是一面照妖镜，是人是妖，只要对照我的真话一比，你就知道了。唐太宗曾说：以铜为镜，可以正衣冠；以人为镜，可以明得失。我希望你今天就把老师和同学当作一面可以让你明得失的镜子。

见田心点头，于是谈话继续。

我说，说说你的自我感觉，以及自我评价。

田心答道，我自我感觉良好，但偶尔也有自卑感，比如当别人说我错了的时候，我就很自卑，但多数时候我都特别自信。我对自己的评价是，我觉得我是合格的，还有我喜欢帮助别人；善良；别人找我借东西我都会借；我有上进心；别人骂我，老师批评我，我不记仇。

我说，我认定你所说的一切，如果要我做评价的话，就四个字——随意、随便。因为你的随意和随便，所以在老师面前你没礼貌，对老师呼来喝去，对女生说话不礼貌，对男生说话不是吼叫就是嘲笑，或者随意追打。现在，你用你的言行挣得了两个"荣誉称号"，请问你有什么感觉？

田心答道，伤心、沮丧、失败。

我说，既然伤得这样重，那就换个学校。你认为换个学校可以解决问题吗？

田心答道，不可以。因为不管换到哪个学校，坏习惯若不改，大家还会这样评价。

我说，这么说来，问题的根本不在学校，也不在老师和同学，而在你自身。现在老师们对你的评价只是"像个流氓"，如若你继续这样下去，今后的评价就会变成"是个流氓"。

田心没了往日的骄纵之气，低声下气地说，我改，我把坏习惯改掉。

说实话，孩子们认识错误是很快的，许诺是很轻易的，但要真正落实到行动上去，就没那么容易了。我不想给田心说大道理，只是告诉他，只要把"奋进班"的班规（田心是这学期来的，对上学期定的46条班规还不太熟悉）读熟，然后照着做（我的每一条班规都具有可操作性），要不了多久，他就会是一个优秀的受人欢迎的孩子。说完，我要了田心的QQ号，当着他的面，把46条班规发到了他的QQ邮箱里。为了促使他能认真地阅读，我还要求他周末写出阅读心得；更为了让他把班规落实到行动上去，我还与他的母亲进行了沟通，并且请求她与孩子一起阅读班规。

成长其实就是一个不断尝试的过程。既然是尝试，就有对错之分。当学生的尝试正确时，老师要鼓励，要欣赏；当学生的尝试错误时，老师则应该伸出援手，真诚地帮助。帮助，不是对着学生说一番让学生如坠云雾之中的大道理，而是给学生提供可操作的办法，实实在在地帮他们解决问题。因为这样的教育才是真诚的、有效的。

9. 用家长会的余威管住学生

> 虽然说家长会不是告状的会，但是，适当地保持一点信息通报的威慑力，对孩子们还是有点镇静作用的。

5月20日，学部推出了一套硬性管理措施，当时不少学生惊叫，说，这下完了，没好日子过了。我心里窃笑，这些没规没矩的孩子，真该好好管管了，不然，就要飞到天上去了。

接下来，学部领导从早到晚检查得特别勤。那些迟到的、上课把头趴在桌子上的、坐姿不端正的、仪表不周正的，等等，只要是有违学部制度的，统统榜上有名。然后，在第二天晨会上，先是通报，再前台集体亮相。

嘿，你别说，以前我苦口婆心地说道理，学生们硬是不听，现在要到前台亮相了，他们一下子就收敛了。看到这些害怕亮相、极力伪装自己的家伙，我心里觉得好笑，但嘴上什么都不说。只是每天晨会时，但凡有我班的孩子违纪亮相，我都会笑吟吟地拿着相机在前面给他们拍照。不止拍正面照，我还会站在各个角度对他们进行全方位的写真。我的认真模样、我的微笑表情、我的不厌其烦，把在场的学生和老师弄得一愣一愣的。对此，我全然不顾，天天如此。

终于，有一天，班上有孩子沉不住气了，问我，老师，他们又不是功臣，把我们班的脸都丢尽了，你照他们干啥啊？我笑着说，好玩呀，你看他们站在前面亮相的表情，多逗人哪！问话的孩子闪着迷茫的眸子，不解地问，真的是这样吗？我笑笑，摇摇头：暂时不告诉你，山人自有妙计！

又有一些孩子私下问我，老师，你有什么妙计啊？快说啊，憋死我们了。

我笑着说，真的想知道？

特别想知道，问话的孩子赶紧说道。

我悄悄地笑了，才学了《回延安》，里面有个比兴手法，我何不拿来绕一圈？于是绕圈道，家长会那天的视频展示怎么样？

孩子们乐开了花。前不久我们班召开了一次家长会，会上，我把孩子们去烧烤的各种有趣的场面悄悄地拍了下来，制成视频课件。由于很多镜头都是抢拍的，很真实，也很可爱。结果视频一放出来，家长们乐得脸儿都变成了花。现在，孩子们一讲起那个视频，都神采飞扬。

于是，我告诉他们，只要家长们喜欢，就是好事情。

这跟家长有什么关系啊？

我笑而不语，等孩子们问急了，才懒洋洋地说，我在为"亮相大全"寻找素材呀！你们想，上次家长会上，我们成功展出了"烧烤大全""游石花水洞大全"，下次的家长会也该搞一个"亮相大全"了。平时不准备，临时就要抱佛脚，到时我怎么抱得住呢？

孩子们醒悟了，"呀"的一声，翻着白眼说，老师，你好心狠啊，竟然整我们。

我笑靥如花：哪里，我是实事求是而已。

旋即，我要在下次家长会上展出"亮相大全"的消息不胫而走。曾经亮过相的孩子跑来问我，老师，真的要展示"亮相大全"呀？我抿嘴坏笑，点点头，肯定地回答，当然，那表情好难得哦，千年一遇。孩子们撇着嘴悻悻地走了。

很快，我们班被亮相的孩子没有了。我一本正经又有点失落地说，怎么啦？你们得配合我呀，我请你们为我在下次家长会上展示"亮相大全"增添一些素材呀。

孩子们像都知道了我的"险恶用心"似的，嘿嘿笑着说，不干哦，那我们家长看到了，岂不倒霉了？

他们说不干，就真的不干了。今天的晨会，全校整个年级九个班，唯独没有我班的孩子亮相。

为什么以前屡禁不止的散漫作风得不到遏制呢？那是因为学校没有强硬的管理措施，而班主任只能晓之以理，可叹的是，一些调皮的孩子根本就不听你老师说的道理。俗话说，龙生九子，各不相同，学生也是如此。有些孩子犯错了，只需语重心长地说两句就达到目的了，有些孩子只要你对照制度一说他就明白了，有些孩子甚至只需要用眼神暗示他就能明白，还有一些孩子，犯了错，你老师什么都不说，他反而特别难过。可是，面对油盐不进的皮孩子，你给他说道理等于对牛弹琴。所以，要想牛能听懂琴声，先得想办法让牛调头来听，等它愿意听的时候，再培养它的音乐细胞，最后，提高它对音乐的欣赏能力。等它爱上了音乐的时候，你才能对牛弹琴！很多时候，一些看似阴损的办法，我们仍然要用。

有老师问我，你不是真的想在家长会上把人家孩子的"亮相大全"播出来吧？

没有呢，仅仅是吓吓他们而已。

我只是保留一点核威慑力而已：核武器关键不是在于使用，而是在于威慑。很多时候，我们若不给孩子制造一点威慑力，他们是不会听话的。这些年，我们喊赏识教育喊得多了，反而把使孩子对于规矩、对于制度、对于羞耻保持敬畏的威慑力弄丢了。孩子们没有了什么顾忌，哪里还会听你的话呢？虽然说家长会不是告状的会，但是，适当地保持一点信息通报的威慑力，对孩子们还是有点镇静作用的。只要我们不是真的利用家长会整孩子，保持一点威慑力有什么不好呢？教育的智慧是在呵护孩子心灵的前提下，给他们剔除心灵上的一些杂草，这有什么不可以呢？

10. 抓住软肋插软刀

> 如果老师怕学生恨他而受制于学生，那么，老师就没有作用了，同时，教育也就没有效果了。

我说过，对夭夭，我一直都是使用软刀子的。但软刀子用久了，自然少了锋利，少了力度，受用的人便没了感觉。所以，要找时间磨一磨刀，把软刀子磨锋利了，有机会的时候，抓住软肋，悄悄插进去。

正好，晚餐后，生活老师说夭夭惹事了。我赶紧跟着生活老师走过去，看见夭夭和二班的一个女孩站在女生宿舍走道上的树荫里。几个小女孩在哭诉，训育主任在批评两个肇事的女孩子，一位中年男子在一旁气愤地指责，说学校竟然有这样的女孩子，还打人。随即，又听到那位中年男子在打电话找校长。之后，学部主任也来了。学部主任发话道，明天，让家长到学校来处理，不像话，初中生欺负小学生，一定要严惩！

我从小女孩断断续续的哭诉中知道了故事的真相——

晚饭后，夭夭一边上楼一边打电话，走到四楼时，有几个四年级的小女生在吵闹。夭夭很烦恼，厉声叫道，安静！不要吵啦！那几个吵闹的小女生也不是省油的灯，回敬道，假精（地方话，假正经的意思）！夭夭的朋友闻言打抱不平，冲过去就卡住一个女生的脖子，推搡着（但夭夭的朋友辩解说只是抓住了一个女生的肩膀），并恶狠狠地说，说，谁在骂假精？要是不说出是谁说的假精，等会儿一人赏一个耳光。小女生哪里见过这样的阵仗？吓得赶紧给家长打电话，当然，哭诉时夸大了事实的真相。家长一听孩子受了欺负，哪里依得？于是就气势汹汹地找来了。

本来事情也不算大，可是，夭夭与她的朋友态度非常恶劣，他们避重就轻，认为自己一点儿错误都没有。

不管事情是怎样发生的，打人了就是不对，这一点，我必须让夭夭明白。于是，一直沉默倾听的我说道，先把其他事情都丢在一边，我们直奔主题，不管你们出于什么原因，打人是事实，而且让小学生受到威胁，让她们产生了不安全感,也是事实。夭夭并未理会我,反而一脸的倔强,一脸的理由。我知道夭夭是一个不肯认输且做事不计后果的女孩,我不顾她的脸色,又说道,假如有一群高中生来欺负你们,你们怕不?夭夭一脸不屑:不怕!那要是他们来打你们呢?我说道。我将会十倍还给他们,夭夭恨恨地说。

  我太了解夭夭了,她会这样说,也会这样做。她自己没有能力去报复,但她能找到别人去报复,因为她有一帮烂朋友。于是我装作很害怕的样子说,我无语了,你的暴力意识让我觉得很没安全感。或许是我的表情惹恼了夭夭,她竟然得寸进尺地说起了疯话:我挑明了给你说,我不想和你说话!

  这句话我听到夭夭跟其他老师也说过,而且我早就想借机收拾一下她的嚣张跋扈了,只是一直没有合适的机会。今天,她竟然撞到枪口上来了,我完全有理由大张旗鼓地教训一下这个少不更事、牙尖嘴利的女孩子了。于是冷冷地说道,很好,既然你不想和我说话,那表明你和我根本不是一条船上的人,很简单,请你下船好好思考,调节一下自己的心态,想好了,再上船!说完,摸出手机就给夭夭的家长打电话,请他们到学校来。

  不是我要告状。事实上,我从不在家长面前说孩子的坏话,我一直在家长与孩子之间小心地寻找着一种平衡。可是,夭夭越来越不像话。课堂上,她自由涣散,一个女生跷着个二郎腿,不是照镜子就是梳理头发,或者写一些与课堂内容无关的东西;课下,她交友泛滥,而且非常随意,想摸哪个男生的脸,伸手就摸;假期从不按时回家,并且每次返校都提前,但又不到学校来,而是打扮另类,与她结交的一些所谓的朋友闲逛。显然,夭夭的问题越来越大了,可是,不论是明示,还是暗示,她都有话说。暗示她,她认为老师太好忽悠了;明示她,她认为老师对她不好。她对别人的要求越来越多,可是对自己的要求几乎没有;别人给她的承诺必须兑现,她给别人的承诺等于没说。总之,她越来越嚣张,越来越跋扈,老师越是理解她,爱惜她,她越觉得老师好欺骗,甚至还觉得玩弄老师很简单。

  今天,机会终于来了。既然夭夭不惜把事情弄大,我就帮她弄得更大。不管夭夭嘴巴多厉害,我知道她有一个软肋,那就是特别不愿意回家。

  当着夭夭和她的父母,我索性全盘托出。然后对她的父母说,既然你家女儿都明确表态不想与我说话,不想听我教诲,师生已经不是一条心了,这样的教育已经失去意义,你们先把孩子带回去好好想想,想通了,再回来。说完,我回头看着夭夭:之前,我一直遵循我对你的承诺,你所犯过的错误,我从来没与你父母说过。可是,你从来没有遵循过你对我的承诺,你不但没有越来越好,反而变本加厉,越来越嚣张跋扈,现在,很多老师都不敢跟你说话了,因为你根本不讲道理!而我,觉得很失败,我也需要冷静地想一想,为什么我的教育在你身上失效了。

　　夭夭的父母本来就怀疑女儿在搞鬼,现在听说女儿浑身是缺点,自然肺都气炸了,夫妻两个立即就要强行带走夭夭。我没有阻拦,而是看着夭夭的父母强行拉着哭叫的夭夭往外走。夭夭拼死哭叫着,我不回去!我不回去!夭夭的父亲急了,伸手就打。夭夭的母亲一边骂一边推搡着女儿。夭夭一急,伸出手腕紧紧抓住走廊上的不锈钢护栏。夭夭的父亲看女儿反抗,伸手把夭夭的一只手抓住,夭夭哭叫着,抵死不愿回去。夭夭的母亲见状,扑过来又要出手。我看时机到了,跑过去掰开夭夭父亲的手,挡住夭夭的母亲,然后抓住夭夭,说,赶快跟我到办公室去。夭夭仿佛抓住了一根稻草,温顺地跟着我走,但是她嘴巴很硬,一边走,一边哭叫,还一边回应她的父母。听她嘴硬,她的父母又要扑过来打她,我赶紧捂住她的嘴,说,闭嘴,赶快回办公室去。

　　回到办公室,我什么都没说,而是双手相交叉,支撑着我的下巴发呆。夭夭哭泣着说,老师,我错了,我知道错了,我改,我一定改。我冷冷地说,改不改在你,我只是在做一个老师应做的本分工作,该我做的,一件也不少;该我说的,一句也不漏。反过来,不该我说的,我百分百地保持沉默;不该我做的,我决不越界。今天,我不过是奉学部主任的命令办事而已。把事情弄大的是你自己,而非我!你要留下来也不难,只要你遵守班上的规矩就行。另外,别忘记了你对我的承诺!此时,夭夭的桀骜不驯彻底消失了,温顺地点着头,不停地保证自己今后要改。之前好言相劝、百般呵护,她全不当回事。现在,略施手段,让她挨一顿暴揍,她倒觉得老师好了。

　　或许夭夭会恨我,不过我不在乎!如果老师怕学生恨他而受制于学生,那么,老师就没有作用了,同时,教育也就没有效果了。我一直认为,对于那些特殊的非主流的还能挽救的孩子,我宁愿他们恨我三年,也不愿意他们恨我三十年!

11. 变形记

> 有时候，与孩子置换身份，让其感同身受，效果比说教好一百倍！

上午在多媒体教室上课。孩子们的心情很好。看着孩子们的笑脸，我的心情也如天上的艳阳一样明媚灿烂。

可是，我的好心情没保持多久，就被尤玖破坏了。为什么？因为尤玖肆无忌惮地扭头与后面的同学讲话！

我心里的火腾地就升了起来，心也隐隐地疼痛，感觉自己的身子都在晃，有些虚脱，眼睛起了一圈潮雾。但我没发火，而是沉痛地对他说，你要不上课就出去吧，看到你这副样子，我的心很痛！我到海南来的最大"收获"就是看到了这边有许多孩子不是厌学而是不学！看到不学习的孩子，老师的心如针刺一般地痛啊！

说实话，我到海南来，有很多收获。这些收获有成功之后的喜悦，也有失败之后的痛苦，更有痛定思痛之后的飞跃提升。

但是，更令我困惑甚至痛苦的是，这里有许多孩子根本不学习。

现在的孩子厌学，这是不争的事实。为了解决学生厌学的问题，我曾经做了很多努力，效果也很明显。但是，有些孩子不一样。他们不是厌学，而是不学！不仅自己不学，还让其他孩子跟着他一起不学！

一个学生，学习能力弱，老师可以帮忙提升；学习态度不端正，老师可以鼓励他端正；学习方法不恰当，老师可以帮他改变。但是，要是处于完全的不学习状态，老师该怎样去帮他呢？

听我说得沉重，孩子们都不说话了，尤玖也知趣地停止了说话。只是，后面的课我上起来显得有点生涩了。

下课之后，我留下尤玖，诚恳地说，你知道吗？老师看见你不学习，心里真的很痛！尤玖竟然惊讶地说，为什么啊？我不学，与你没关系啊，你可以不管啊，你可以当作没看见啊。我无奈，摇摇头，心里很悲哀，说，你看过电视电影，为什么孩子犯错了，父母很难过？那是因为爱和责任啊！如果没有爱和责任，我会心痛吗？尤玖抿着嘴唇不作声。不过，我从他迷茫的眼神之中看得出他对我的话很费解。

或许是尤玖特殊的经历让他不相信还会有老师为他心痛吧。事实上，那一刻，我真的很心痛！其实早就在心痛了，一点点、慢慢地积累起来，终于，看到尤玖那不在乎式的微笑、那旁若无人的肆无忌惮，锥心的疼痛暴发了。

晚上，校长要开汇报大会。我第一节有课，但我很想去听校长的会议。因为校长外出学习了好长一段时间，肯定有很多新理念、新信息带回来，这是难得的学习机会。

于是到教室安排，吩咐班长谭豪负责维持纪律，还在黑板上留言，希望孩子们安静地自习，免得老师在会议室分心。哪知尤玖毛遂自荐，说，老师，你去吧，我来帮你管纪律，一定让你满意。我笑着说，那好，这节课你就是我了，要是做得好，那本书（课堂上缴获的《故事会》），呵呵，那本书我明天就还你。尤玖特别自信，得意地打了个响指，说，放心！保证完成任务！我抿嘴笑着，没再作声，退出了教室。

呵呵，这顺水人情我是故意送的。我说看见孩子们不学习，我的心很痛，尤玖不是茫然不解吗？现在他主动请缨，我是求之不得，我正愁找不到机会让尤玖感同身受呢。这下他自动地把头颅伸了过来，我若不趁势抓住，那不是亏了吗？有时候，与学生置换身份，让其感同身受，效果比说教好一百倍！

班上有几个刺头，尤其是刘喜旺，肯定不会给尤玖好果子吃的。这一点我在把任务交给尤玖时就知道了。但是，我还是大胆地把班级交给了他，哪怕教室里电闪雷鸣，我也不会进去了。但是，我还是不太放心，毕竟班里刺头多，万一出个什么意外我也不好交代。会议中途，我又从会议室偷偷跑出来，像个特务一样，蹑手蹑脚地在教室窗外向里偷窥。大问题是没有的，但隐约听见讲台上的尤玖在和下面的同学争辩。我没推门进去，扭头又蹑手蹑脚地回了会议室。

下课了，会议也结束了，我赶紧回到教室。尤玖正伸长脖子与刘喜旺吵得不可开交。我仔细一听，原来是尤玖在激愤地批评刘喜旺，说刘喜旺不认真，还干扰别人，提醒他还嘴巴犟。我大笑，说，这老师好当吗？尤玖苦笑，说，不好当，就是那个刘喜旺，蛮横无理，一点儿都不守纪律，说他，还回嘴，比谁都厉害。刘喜旺的确不是省油的灯，连老师都是他的嘴下败将，何况尤玖呢。其实刘喜旺也不是厉害，主要是他不讲理，善于狡辩，也不管什么逻辑啊，对错啊，只要他愿意，什么话都说得出口。你要是不冷静，准会被他气死。尤玖在向我数落刘喜旺的不是时，刘喜旺还在不停地、大声地、无理地辩驳着。尤玖根本说不过刘喜旺，于是愤怒地说，我要是有你这种学生，早就短命了！

我双手一摊，夸张地说，那我岂不是短了好几十次命了？告诉你，我可是活得很快乐啊。刘喜旺还在气尤玖，故意双手合十，附和说，对对对。尤玖气恼得快发疯了，冲到刘喜旺旁边，又是一顿吼叫。我笑着说，你不是说生活老师经常大声吼叫没素质吗？怎么你又在大声吼叫呢？尤玖脸红脖子粗，扭头咧嘴道，看，就是刘喜旺，嘴巴犟得很，说什么顶什么，一点儿道理都不讲，我要是遇到这样的学生，真是倒了八辈子的霉！说完，冲出了教室。

我笑看着尤玖冲出教室，心想，现在他该知道什么叫心痛了吧。不亲自吃吃辣椒，他还当真不知道辣椒是辣的呢；不让他当当老师，他还以为这老师轻松得无事可做呢。

不过，对刘喜旺也不可轻易放过，这个孩子，实在是太嘴犟了。在学校，充其量就是惹老师和同学生气；要是到了外面，很可能就会招来一顿嘴巴或者遭受冷遇。这个社会，谁有耐心来容忍一个不讲理、胡搅蛮缠的人啊？于是，我厉声对刘喜旺说，你要卖弄你的口才，可以，不过，我得明确地告诉你，课堂不是你的市场！要辩，放在课下！刘喜旺故意地大声地不满地"哦"着应答，然后又说，老师，我说那些话都是没经过大脑的。我冷冷地说，我管你经过大脑还是没经过大脑，课堂是上课学习的地方，不是辩论的地方，还是那句话——要辩，放在课下！

最后一节课我讲评《社戏》的作业，没想到竟然上得很顺利，师生之间的讨论声不断。连尤玖都没做任何小动作，而是就"鲁迅"不断地向我发问，于是我和孩子们就讨论起鲁迅来了。孩子们问我鲁迅的儿子是谁，有没有名气，还问我鲁迅是怎么死的，得到诺贝尔文学奖没有。我都笑着一一给孩子们说了。孩子们言犹未尽，最后竟然还问我鲁迅的孙子多大了，我只好装出一副窘相，笑着说，不知，不知也。孩子们看我一脸窘相，都善意地笑了。而我心里的痛和气，就在这样纯真的笑声中消失得无影无踪了。

12. 爱不厌诈

> 很多时候，当柔性的策略不起作用时，刚硬的手段还是必要的，因为一个人若不亲自伸手到火里去烧一烧，他是不知道火会烫手的。

上午我去上课，拿着一张 A4 纸，故意显摆似的抖一抖，略显严肃地说，请尤玖、刘喜旺、王定改三位同学听好，下午第四节课留在教室里，我要通知你们一件事。马上就有多嘴的孩子问，什么事啊？我笑着说，暂时无可奉告。下面有人小声地猜测，可能是处分通知。我故意黑着脸，说，事情的真相还没揭开，不要轻易下判断，难道我没告诉你们吗？尤玖趁势应和，扭头向猜测之人说道，就是，不要随便猜测。

说起这张处分通知，其实是我忽悠他们的一个幌子——这是我自己打的一份通知。呵呵，可别说我要诈啊，这帮孩子，我要不要诈，真还降服不了他们。

上一周，我就散布言论说，学校要对一些屡教不改的违纪学生进行处分，处分的依据是学生会干部日常的考核以及班务日志的记载，学部会进行统计，前三名便是处分的对象。当下就有学生忧虑，还问我，老师，有没有我啊？我笑着说，不知道，那要看学部的统计，不过，天地良心，我可是不愿意处分任何一位同学的。大家亲眼看到了吧，班务日志上我记载过谁的名字没有？马上，有几个经常违纪的孩子说道，老师对我们好，没有记载。我心里冷笑着，心想，我是对你们好，可是你们呢？对我好过吗？反复地违规，屡教不改，好像把我吃定了似的，不要以为老师每天都笑脸盈盈的就不收拾你们，真要不收拾你们才是对你们不好呢。可是，我要怎样收拾他们呢？说教是不起任何作用的，因为多年的陋习已成寒冰；当然更不可打骂，那样只会把事情弄得更糟；每天的提醒更是被他们当作了耳旁风。究其原因，还是他们把老师吃定了，他们认为不论他们做什么，老师都对他们无可奈何。

明目张胆地告诉学生我要处分他们实在不理智，个人与群众为敌，那真是自讨苦吃。我得找一个靠山，而这个靠山就是学校，让学生与我的靠山"为敌"，而我，故意从中斡旋，告诉学生，我与他们是一伙的。我这样做不但不会引起学生的反感，相反，学生看我维护他们，还会感激我，我今后的工作开展起来将会更加顺畅。当然，我的做法必须取得学校领导的支持，只有我的靠山靠得住，我才敢耍这个"借刀杀人"的手段。还好，我的计划得到了学部领导的支持，并且领导还表示这周要单独把初一的学生弄来开一次会，好好整顿一下。呵呵，这样一来，效果就更好了。

　　第四节课的时候，其他孩子都出去了，那三个孩子老老实实地坐在教室里等我。我坐在讲台上，弹着手上的 A4 纸，故弄玄虚地问道，知道这是什么吗？三个孩子有气无力却又侥幸地问，是不是处分通知？我笑着说，对，你们答对了。我说，根据学部领导的统计，你们将要被处分，但学校领导非常地人性化，担心你们会背上思想包袱，所以通知班主任与你们交流，看你们的态度如何，如果态度端正，学校的处分最重就是警告；如果态度恶劣，认识不清，那么处分将会升级，处分后若能知错就改，那么三个月后可以申请撤销处分。孩子们听我说可以撤销处分，纷纷保证道，那我们从今以后再也不违纪了。我呵呵笑着，说，那不是凭嘴巴说的，那是要看行动的。这次学部把通知发到我这里，是叫我准备材料，把你们的情况客观真实地写出来，然后盖上学校公章，张贴在显眼的地方，并且还要把材料发给你们的家长。听说要下发材料给家长，几个孩子紧张了，纷纷说，老师，可不可以不发啊？我笑着说，我是不想通知你们家长啊，我还担心你们回去遭家长责骂呢，但是，我不通知，学部也要通知啊。这样吧，我可以与你们家长交流，请他们不要因为孩子违纪了就打骂孩子，只要孩子改正了，处分是可以撤销的。

　　待我把话说完，几个孩子都围到讲台旁跟我说，老师，我们绝对改，我们改好了，你一定要记得提醒我们申请撤销处分哦。我嘿嘿笑着，说，一定，只要你们改正了，我一定提醒你们写申请，处分撤销了，你们什么污点也就没了。三个孩子满脸堆笑，感激地望着我。看着孩子们那纯真的脸，想到他们平时毫不收敛的违纪行为，我心里真是百味杂陈。其实，教育也是需要刚性的，春风未必化雨，润物未必无声。很多时候，当柔性的策略不起作用时，刚硬的手段还是必要的，因为一个人若不亲自伸手到火里去烧一烧，他是不知道火会烫手的。

13. 对待刁蛮学生之刁蛮招

> 现在的孩子，很刁，很会来事，甚至会踩人。因此，要想把良好的习惯、正确的观点培植到孩子的心里去，教师也要学会放刁，甚至偶尔要踩踩学生。

认识刘喜旺的人都说，他进步了。但我始终觉得他的进步是一种假象，他只是年龄大了些，懒于顶嘴了。他的自私、冷漠、狡辩仍然沉淀在他的骨子里。比如，他毫无顾忌地占用别人的用具，可要是别人占用他的，他就会满脸寒霜，极度不满，甚至还会大声进行抗议；比如，暑假里他到一个心理学老师家住了一个多月，那位老师管他吃，管他住，我问他感觉如何，他竟然回答说没有感觉；比如，他上课玩东西，老师说，听课，他马上说，我在听啊，提醒他做笔记，他就说，我记在脑子里了，过不了关时，他就会说暂时忘记了，考试考砸了，他就说不是考不好，而是不想考好。他还是一个极为自负的孩子，因为从小到大，他周围的人都说他很聪明，智商高达120以上。

面对这样一个自以为是且心理又不成熟的孩子，我实在不想给他讲道理。用亲情感动他，门儿都没有，他对家人只是需要，而不是依恋。用规章制度约束他，也达不到目的，因为他懂得合理规避各种规章制度。也就是说，刘喜旺就像一条狡猾的蛇，躲在洞里趁人不备时才出来。我老早就想收拾他，却苦于他"不出洞"，打不到他的七寸之处。

不过，机会终于来了。

早上是语文早读，我发出命令，让孩子们朗读古诗四首。孩子们纷纷大声读起来，可刘喜旺没有，他一直把手放在书包里摸来摸去。直到我把语文书递到他手上，用责备的眼光看着他，他才很不情愿地接过书，但并没有读出声音，看得出来，他心不在焉。我没理他，这点小事还犯不着跟他计较。

第一节课，铃声响了。班长招呼大家静息，刘喜旺没理会，而是用狠毒的眼光死盯着后排的李改。我站在后门，提醒他赶快静息，他仍然置之不理。班长的口令不听，班主任的口令也不听，这下，我可以大张旗鼓地生事了。

于是，我黑着脸，用严厉的语气叫道，刘喜旺，这节课你就不用上了，先跟我到办公室交流去！言毕，我扬长而去。刘喜旺自然不敢反抗，跟着我进了办公室。

人是进了办公室，却是满脸的桀骜不驯、满眼的不屑一顾，大有一副与我对抗到底的架势。我心里暗笑：刘喜旺，这会儿你是"硬汉"，等会儿你就会变成"软蛋"了！于是冷冷地道，刘喜旺，谁都知道你的智商高（这句话刘喜旺最喜欢听），但是，我告诉你，你比得上蕊蕊吗？人家年龄比你小，却样样比你强！你比得上靳灵儿吗？人家玩漫画玩出了杂志，你玩出了什么？你比得上比你小很多的张晓晓吗？人家每次考试都进了级段前十名，你呢？倒数几名则有你！刘喜旺的脸色越来越难看了，因为他特别不喜欢听到谁说他不如别人！

刘喜旺够坚强，虽然他很难受，但比较法并没有把他踩翻。于是我又踩，说道，你以为你了不起，你以为你智商高，要没老师教你，你能学得好？这下踩着刘喜旺的尾巴了，他开始反抗：学得好！我故作不信：真的学得好？刘喜旺肯定是脑子发昏了，竟然决绝地说，绝对学得好！我笑着，不紧不慢地说，嗯，很好！不过，据我所知，你每次考试都考得惨不忍睹。刘喜旺脑子更昏了，说，我压根就不想考好。我故作恍然大悟：哦，我明白了，你的意思是你本来学好了，只是每次考试故意考差，埋没自己，凸显别人，你这种舍己为人的高风亮节让我佩服。不知刘喜旺是真没听懂还是装没听懂，对我的揶揄毫无感觉，竟然点头赞同我的话。我看时机已成熟，一边伸手拿试卷一边说，我们马上来做个测试，先做语文，接着做数学、生物、地理，我要求不高，每科得80分就行，只要你达到了这个要求，我就奉你为天才，把你捧在手心，并且还要求班上每位同学都无条件地崇拜你！

刘喜旺答应了，这在我的意料之中，因为我很清楚，这种自以为是的孩子是绝对不会轻易认输的。

我让刘喜旺拿着试卷到一边去做，就夹着教材到教室上课去了。

孩子们看我一个人进了教室，满脸惊讶。我笑着说，刘喜旺正在上面接受天才的测试,他说,他不需要老师教也能学得好,之前没考好是因为压根就不想考好。孩子们哄地一下就笑开了。只有尤玖顿悟,大声说道,我以前也是这样认为的,现在才知道海口不是夸的,牛皮不是吹的,火车不是推的。我笑着说,任何事情都有特殊情况,我只是告诉大家,如果刘喜旺通过了测试,我们每个人都要无条件地崇拜他,包括我!孩子们笑得更凶了,看来群众的眼睛真是雪亮的。

上完课,我收拾东西准备出教室,刘喜旺竟然站在我的身后。我故意问,做完了?刘喜旺脸上的桀骜不见了,眼睛里的不屑也消失了,而是卑微地说道,我错了,我投降。我脸一正,严肃地说道,不行!还得继续做,我不接受你的投降!说完把刘喜旺丢在一边,昂首挺胸、不屑一顾、满脸骄傲地走出教室。刘喜旺没办法,只好乖乖地跟在我的后面。

到办公室坐定,我端起口杯,悠闲地喝了口水。刘喜旺谦恭地站在我旁边。语文试卷压在我的桌子上,试卷上写着两个大大的字:认输!我咂咂嘴,说道,还早得很呢,数学、生物、地理都还没做,这就认输?这可不是你的风格啊。刘喜旺讨好地说,我知道错了,我一定改正。从不低头的刘喜旺竟然把头低得这样低,看来,天才的名声是不好挣的啊!

于是我说道,那先把语文试卷改了,为了公平起见,你亲自监督我判卷,看你能得多少分。刘喜旺也真够坚强的,竟然帮我找答案,非常热情地"指导"我改了可怜的几道题。告诉大家,不幸得很,一张100分的试卷,刘喜旺只得了18分。我看着18分,故意夸张地叫道,啊,才18分,这还是老师教了的哟,你不是说不要老师教都学得好吗?怎么这份试卷才得了18分啊!刘喜旺软了,低着头,态度诚恳得前所未有,说,我知道错了,没有老师教我学不好,不听课也学不好,我改正。我故作不信,说,真改?之前你不也说过改吗?但都不见行动。刘喜旺的神色一下变得严肃了,像是在表决心似的,坚定地说道,这次是真改,我知道自己错在哪里了。我继续勒紧绳子,说,空口无凭,我不敢相信,除非你黑字白纸,一条条写出来,或许我可以考虑。刘喜旺简直百依百顺,马上就拿出纸来写道:(1)课堂上完全听从老师的口令行事;(2)不要小脾气;(3)不和老师怄气;(4)课堂上要听课,不搞小动作;(5)各科作业必须按时按质按量完成。写完,他恭顺地把纸条递给我,我看了看,说,我觉得你应该把它写成合同形式,咱们签个合同比较好。白纸黑字的,就是依据,今后我们都按合同办事。

这个时候的刘喜旺，简直就像一个煮熟的地瓜，软得随我怎么捏，他都直点头。

现在的孩子，很刁，很会来事，甚至会踩人。因此，要想把良好的习惯、正确的观点培植到孩子的心里去，教师也要学会放刁，甚至偶尔要踩踩学生。当然，这一切都要在充分了解学生的基础上进行。

14. 巧治拖拉大师

> 任何事情不是做不到，而是想不到。所以，但凡学生出现了问题，我们不要埋怨，更不要回避，而要找到其根源。这样，才能对症下药，药到病除！

说起拖拉，尤玖真算得上骨灰级别的拖拉大师了。

以穿校服为例，班上每个孩子都能按要求穿上校服，唯独尤玖做不到。从上学期末一直到这学期报名，再到现在，尤玖的校服问题始终得不到解决。问他，他就说，衣服短啦，衣服起黑头啦，衣服没干啦，衣服放家里啦，衣服怎么怎么啦，总之有无数的借口。

其实，到海南一年，我差不多已习惯这里的慢文化了，但是对于海南人拖沓懒散的作风还是很不习惯。不管怎么言传身教，部分孩子还是沿袭着老祖宗的散漫做法。曾听万宁市培训中心的冯校长说，海南人容易满足，反正海里有鱼，岸上有树，各种热带水果遍地都是，虽说发不了财，但也饿不死，因此，形成了一种散漫的文化。于是就退一步想，散漫就散漫吧，慢也是一种智慧，海南人不是个个都长寿吗？除了因为这里的空气好之外，恐怕更重要的原因就是海南人那份闲适淡定的心态吧。

但我还是很忧虑。老海南人这辈子可以悠闲到底，可是新生代的海南人呢？就算他们永不出岛，但是，他们阻止得了外来者吗？就算你不去与别人竞争，你能阻止别人来和你竞争吗？可是，孩子哪里懂这些呀。他们根本不知道，他们的生存压力将比他们的长辈大几倍甚至几十倍。

所以，我首先以校服为由，从尤玖开刀，治疗孩子们的拖拉病。

这里很多孩子都有一个特点——你可以说他习惯不好，也可以说他成绩很差，甚至可以生气地骂他们拖拉鬼，但就是不能说他们没钱。似乎他们只剩下钱了。

下午召开班委会，尤玖做了体育委员的助理，所以也位列其中。

开完会，我一脸诚恳，用恳求的语气对班委干部说，同学们，我这里一直有个问题得不到解决，很想请大家帮忙。大家忙问，什么忙？当然，问话的人中也有尤玖。我忍住不笑，仍然无比真诚地说，尤玖的校服问题一直悬而未决，我们与尤玖是一年的同窗了，他的问题就是我们大家的问题，我想提个议。我故意卖了个关子，闭着嘴巴不说了，而是望着面前的孩子们。孩子们迫不及待地问，提什么议啊？我微微一笑，说，首先表明我的态度，我是非常诚恳、非常认真的，我们班25个人，除尤玖外，还有24个，我提议每个同学捐2元，总共可捐48元，剩下的12元由我出，我们帮尤玖买两件上衣，大家都知道，明天就要挂牌了（学部出台的新管理条例：第三周，每个学生都挂德育示范生牌，如果德育积分连扣5分，就要被摘牌，摘牌之后的学生只能与班主任和班委干部交流，其余同学不得与摘牌的孩子说话，否则扣德育积分），如果尤玖不按要求穿校服，他被摘牌的可能性就太大了，所以，我想请大家帮他解决这个问题。

我的话一出，快嘴的雨薇立即摸口袋，说，我这里有两块。哈哈，一阵笑声传来。这个说，我有两块，那个说，我有两块。尤玖一下子羞得面红耳赤，摇摆着手说，不不不，我自己解决。我笑着说，我绝无嘲笑你之意，其实上学期我就想亲自掏钱给你买一套了，可我又害怕你的父母尴尬，所以一直忍着，这学期我看你实在解决不了这个问题，没事啦，大家同学一场，我们师生一场，理应帮助你解决你不能解决的问题。尤玖果断拒绝，然后保证说，我这次绝对解决这件事，我今晚就回家，明天上午一定买好。由于我自始至终一脸诚恳，所以尤玖没有半点抵触，而是满脸惭愧，不停地保证立即解决问题，决不会令我为难。

尤玖这次再也没拖拉，放晚学后果真回家了（他家就在学校隔壁的特警大队里），然后他的妈妈打来电话说，明天一定给孩子把校服准备好。

或许有人会说，你这招要是遇到一个"厚黑学"学得精的人咋办？呵呵，不用就行了呗。因为我非常清楚这里的孩子，你可以说他成绩差，也可以说他做事懒，更可以说他习惯差，但不可以说他没钱！他们觉得一个人成绩差没关系，可以提高嘛；做事懒也没关系，可以勤快一点儿嘛；习惯差更没关系，可以改嘛。唯独没有钱是一件极没面子的事。给孩子买校服我又不是没买过，那是给贫困生买，当他们拿到校服的时候，感动得热泪盈眶。可是,这里的孩子要是让老师给他买校服,那是要遭到同学的嘲笑的,是极没面子的事情。也正是因为明白这一点,我才知道我这招对尤玖十分有效。

  仅此一件事,我相信还治不了尤玖的拖拉病,但这件事的成功至少告诉了我一个道理:任何事情不是做不到,而是想不到。所以,但凡学生出现了问题,我们不要埋怨,更不要回避,而要找到其根源。这样,才能对症下药,药到病除!

15. 给他戴上一个十字架

> 最好的惩罚就是震撼学生的心灵，让他从心里认识到错误，进而责备自己，警醒自己，从而产生强烈的改正错误的内驱力。

上学期的期末，尤玖以最高票数当选"进步之星"。过了一个暑假，尤玖返回学校，是否更进步了呢？非也！非但没有进步，反而故态复萌！

我很清楚，尤玖出现了行为矫正的"高原反应"。要怎样才能消除这个"高原反应"，让尤玖"百尺竿头，更进一步"呢？三周时间，我都在苦思冥想，一直苦无良策。

直到昨晚，出现了一个契机。

昨晚是新南方培训，我在给孩子们讲解语法知识。其时，尤玖称看不见，扭头向后伸手，摘丽兰的眼镜，丽兰偏头不允，矛盾顿起。

我说，敬告大家，诸如眼镜、手机等，都是私人物品，未经别人允许，不要轻易去动。尤玖立即还嘴，那次你收我手机，退还回来就动了。我很惊讶（脖子开始悄悄粗了），说，我从没动你手机啊。尤玖答，我知道你没动，是吴其动了，是他亲口和我说的，他还翻看了我的照片。说到这里，吴其急了，大声辩解，不是那次，是另外一次。尤玖反驳，是你自己说的，你说你和何欣源（我的儿子）一起看的，你还不承认！两个人争论了起来，好不热闹！

我眉头一皱，计上心来，心说，吴其，对不起了，我这次要利用你收拾尤玖，我要给他戴上一个十字架，对他进行心罚！

于是我冷笑，并冷冷地说，是吗？我把手机藏在抽屉里，吴其竟然动了，太过分了，吴其，从此以后，没有我的允许，你不要踏进我的家门！还有，既然何欣源也动了，那么今晚，等待他的将是一顿毒打！所有的孩子都被吓着了，继而向我求情，老师，别打何欣源，别打他。我毫不松口，说，既然他做错了，就要打！没有商量的余地！另外，我在这里郑重地向尤玖道歉，我教子无方，管束学生不严，致使吴其和何欣源犯了窥探尤玖隐私的重大过错！尤玖一脸死灰，难过地低着头。我调整好情绪，无事一般地投入课堂教学。

下课了，不少孩子跑到讲台上来向我求情，说，老师，你回去别打何欣源，他是小孩子呢，只是好奇而已。我冷冷地说，要打！对于偷窥别人隐私的人，我是不会轻易原谅的。

回家后，带着气，我训斥了儿子一顿，当然也打了他两巴掌。儿子很委屈，解释说，手机是吴其从抽屉里拿出来的，他只是在一旁看了看。但不管是哪一种情况，只要是未经别人允许动了人家的东西，就是错的，就要接受惩罚。儿子无语了好久，然后恨恨地说，吴其真恶心！

我们母子两个郁郁不乐地洗漱了，然后睡下。

第二天早晨，我早早地来到学校，因为局已经布好，我得把它做成十字架送给尤玖。

下课后，我约来尤玖，说，昨天，我在班上转述数学老师的话时卖了一个关子，说，数学老师告诉我，这学期有一个人进步最大，你们猜是谁呀？我看见你在举手向我示意，言下之意就是告诉我，你的进步是最大的。不过，我实话告诉你，这学期你的表现我只能用一个成语来评价。尤玖赶紧问，是什么？故态复萌！我说。

然后，我开始历数尤玖的"罪状"——

（1）课堂表现：随意下座位，随意调换座位，说闲话，发呆，跷二郎腿，睡觉，乱插嘴。

（2）个人修养：把找借口当作习惯，随意打断老师说话，激怒、辱骂女生，比如，昨晚，老师说雨菲这段时间作业完成得不错，你当着全班同学的面说人家是抄的，如果你在一个角落里单独对雨菲说，哪怕说十次，她也不会怄气，但你当着全班同学，甚至还有几个三班的同学的面撕她的面皮，她的心里该作何感想？别的同学会对她产生什么样的消极评价？

（3）缺乏规则意识：集合站队，要求立正时你稍息，稍息时你又弓背磨蹭，并且在队伍里动来动去，影响整个班级的外在形象。

（4）没有时间观念：迟到，拖拉，铃声响时才去上厕所，甚至上课时也借故上厕所，有时一上就是20分钟。

这些都是你以前的老毛病，本来已经改了不少，但很遗憾，经过一个暑假的休整，它们又回来了。

事情发展到这里，似乎该消停了，可是到昨晚，竟然演变成高潮。

手机的事情，已经过了好久，真相已经不重要了。你说你早就选择了原谅，既然原谅了，你就该隐忍不发，可是你却当着全班同学的面把吴其翻看你手机一事抖出来，弄得吴其名誉扫地。你应该清楚，班上所有同学对那种偷窥别人隐私的人，都很厌恶。现在，你说吴其偷窥你的隐私，其他同学会怎么评价他？你给他带来的消极影响是多么难以消除！就算你去道歉，吴其的名誉损失也挽回不了了，因为不良的评价已经沉淀在大家的心里了。还有，你的不依不饶，逼得老师说出恩断义绝的话。这件事往小里说严重影响了师生关系，造成了师生裂痕；往大里说，影响了老师和家长的关系，对今后的教育工作极为不利。并且，你还让老师在气头上打了自己儿子一顿。你几句得理不饶人的话，令三个人受伤，让全班同学看笑话，我不知道这样的结果对你有什么好处？另外，何欣源对吴其也耿耿于怀，这件事，使得两个原本交好的孩子交恶了。

尤玖这次再也没有为自己找借口，而是沉重地默默地听我说完了，然后说，我知道我太冒失了，我昨晚的心情也不好，我今早已经跟吴其道歉了，我也明白我有很多错，我一定要改。

随即，我又很沉重地对尤玖说，这些天我都很郁闷，为什么呢？因为我一直在问自己，我这样做对吗？别的老师千方百计地淘汰不听话、学习不努力的学生，而我，却要死死地留住这些学生。别人的班级因为换血而蒸蒸日上，我的班级却因为容留学习、纪律都差的孩子而进步甚微。你也很清楚，如果不是在我的班上，你早就丧失了读书的机会，可你为何不用行动来证明老师做这一切都是对的呢？你为何不给老师一点儿信心、一个坚持自己教育信仰的理由呢？（说句良心话，尤玖肯定是进步了，而我也绝对相信自己的教育理念，我只是说给尤玖听而已，希望能震动他。）

尤玖很黯然，声音有点沙哑，跟我保证说，他一定会改，而且立即开始整改。我点点头，说，很好，我相信你会改，但是我要告诉你，不要当着我一个人的面改，你要改给所有的人看，把你的外在表现改成与你的内心一样干净才能够说服别人，也才能证明我的做法是对的！否则，我会认为我很失败，我会认为我以前所做的一切都是错的，然后，我会学会放弃，学会淘汰，学会对学生不负责任。

　　我记得这样一句话：最好的惩罚是心罚！所谓心罚，也就是震撼学生的心灵，让他从心里认识到错误，进而责备自己，警醒自己，从而产生强烈的改正错误的内驱力。我为什么要用这一招呢？因为对尤玖而言，它有效！其一，以尤玖的表现，他完全可以被淘汰出局，但我没这么做，对此他很感激；其二，尤玖很服我，听得进我的话，并且与我感情很好；其三，尤玖的行为虽然不规范，说话没技巧，但他的心地的确很善良，且没有什么心机；其四，尤玖评价我是黑暗中的明灯。有这四个条件，再加上我对吴其的严厉斥责以及对我儿子的惩罚，我足以做成一个十字架，让尤玖背着，然后迫使他去改正自己的错误。

　　只是委屈了吴其，虽然他做了错事，但不应该受到这样大的惩罚。为了给尤玖做一个十字架，我又给吴其系了一个小铃铛。过两天，等吴其经历一番痛苦和思考之后，我再帮他解开我亲手系上的小铃铛，所谓"解铃还需系铃人"，大概就是如此吧。

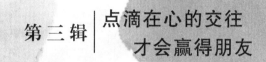

第三辑 | 点滴在心的交往
才会赢得朋友

有人说：第一代人不识字，第二代人不懂动脑，第三代人不懂人际交往。戴尔·卡耐基认为，一个人的成功，85%要靠人际交往能力，而只有15%要靠专业知识。王晓春老师说，与其说孩子们到学校是来学知识的，还不如说是来找同伴的。在学校，人际交往是孩子们的必修课。那么，作为班主任，我该怎么帮助他们呢？

1. 孩子，有些话不必说出口

> 孩子，你明白吗？不是所有的话都可以一泻千里、随意吐露的。

今天，在餐厅里用餐时，刘喜旺气愤地对我说，老师，我的抹布被别人偷了。他的话音刚落，便遭到其他孩子的强烈反驳。他们纷纷说，一个抹布而已，大惊小怪的！瞬间，刘喜旺成了众矢之的。

刘喜旺告状不成，反而被大家说了一顿，脸色非常难看，眼里闪烁着怨恨的光芒。我招呼孩子们安静地用餐，然后也用餐去了。

午休时，刘喜旺又在寝室里大鸣大放，说"奋进班"的学生真无聊，偷了抹布不但不认账，还自认为有理，简直太没天理了。看刘喜旺情绪比较激动，我招呼大家赶快午休，然后就离开了。回到办公室，我提笔给刘喜旺写了一封短信：

孩子，知道"偷"是什么意思吗？"偷"，一般的意义就是窃取，就是趁人不知道将别人的东西据为己有。一块抹布而已，价值几何？值得别人去偷吗？再说了，"偷"是一个贬义词，也是对别人品质的评价。一个惯于"偷"的人，绝不是一个品质优良的人。因此，只要你送了一个"偷"字给别人，就等于把他视为品行不良的人了。别人用了你的抹布，或许是忘了跟你说了，或许是觉得拿到教室的抹布都是可以公用的，用用也无妨。因此，就算抹布一时找不到了，也只是一块抹布而已，犯不着大动干戈、大张旗鼓，说某某偷了抹布。知道吗？孩子，只要你说了一个"偷"字，这话里就有了敌意，而掺杂敌意的话很不中听，甚至是伤人的。我们的孩子，就是在这样的伤害中慢慢长大的，同时，他们学会了伤害别人。现在，我每天都觉得自己在被伤害，可我不怪大家。每个孩子来到这个世界上时，都是那么的纯洁可爱，为什么随着年龄的增长，他们不是越来越彬彬有礼，而是越来越想方设法去打击、伤害别人呢？这是与生俱来的吗？不是！这一定是慢慢学会的。这说明，我们的社会、我们的教育，一直就在对学生进行伤害，而现在，我不过是在"收获"前人种下的恶果而已。

　　我还听到很多同学在课间说"打死你""活该""神经""笨蛋"等词语，要么充满着暴力，要么充满着歧视，要么充满着羞辱。或许你是不经意地说的，或者你认为只是简单地开开玩笑，但是，孩子，我要告诉你，这些词语都带有不可收回的伤害。虽然别人可能对你的言语不加反击，但是，它们已经深深地刻在他的心里了，今后，遇到类似的情况时，他就会用它们来攻击别人。它们带来的伤害不仅仅是肉体上的。如果只是肉体上的，那就简单多了。因为肉体上的伤害，会随着时间的推移或者药物的治疗很快恢复，可是，精神一旦受到伤害，却需要很长的时间去"修补"，甚至一辈子都"修补"不好。而精神上有创伤的孩子很容易破罐子破摔，不仅容易砸伤自己，更容易砸伤别人。

　　孩子，你明白吗？不是所有的话都可以一泻千里、随意吐露的。很多时候，我们在说话时，一定要想想，这话厚道吗？当你对别人说出不厚道的话语时，相应地，你就会得到不厚道的待遇。为什么要这样说呢？当你恶语出口时，你会遭到别人强烈的反击，甚至羞辱。别人即使不反击你，也会在心里蔑视你。你看起来毫发无损，但是受的内伤可不轻啊。

　　现在世界已经归于大同，地球就是一个村落。我们再也不会鸡犬相闻，老死不相往来，而是大门敞开，来去自如。因此，人与人的交往越来越重要。而人与人的交往，最重要的就是依靠语言交流。如果我们的语言不够文明，不够优雅，就无法与别人进行正常友好的交往。你想一想，你如果不能与人友好地交往，你能做什么呢？戴尔·卡耐基说："一个人的成功，15%来自专业知识，85%来自人际关系。"因此，人际交往的成败决定着你今后人生的成败。而文明、干净、优雅的语言，正是走向成功的人际交往的通途。

孩子，为了和谐，为了健康，为了快乐，为了自己不受伤害，有些话不必说出口。如果闷在心里非说不可的话，那么我请求你，把它们扔到垃圾回收站吧！或者，点击"粉碎文件"按钮，让它们灰飞烟灭吧！

这封信不仅交给了刘喜旺，我还在班上朗读了。孩子们听着我娓娓道来，一个个都惭愧地低着头。事后，班里学生们的那些带有敌意的表达逐渐消失了。

2. 别把自己太当一回事

> 我想让他明白，每个人都如一粒平凡的沙子，没有你这粒沙子，地球照样会运转！

今天半期考试。考完语文，吴其跟我套近乎，说，老师，我作文没写完怎么办呢？我面色陡地一沉，冷冷地说，问你自己吧！然后转身离去。等走到他对面的女生堆里时，我笑靥如花，故意扬声道，语文考试感觉如何？女孩们叽叽喳喳，都说感觉还可以。我故意装傻，极不自信地说，不会吧，我觉得语文好难哦。女孩们安慰我，说，没事，我们觉得还可以，有些题还是你讲到的原题呢。我呵呵笑着，拍拍女生的肩膀或者摸摸她们的头，说，那我就放心了，好，那你们玩去吧。当时，我眼睛里的温情、脸上的柔情、手上的关切之情自然而恰到好处。

吴其自讨了个没趣，略显尴尬却又无比羡慕地远远地看着我和女孩们有说有笑。

这一切，都是我故意设的局。我就是要让吴其明白——别把自己太当一回事！没有你，地球照转无误！

吴其，是对我帮助最大的老乡吴师傅的儿子，也是我儿子的好友，而且还与我丈夫同姓，所以，按照四川的那种"五百年前是一家"的习俗算起来，我们也是亲戚了。或许正是因为这些，吴其在班上显得比别人得势一些，并且自我感觉良好。

他性子很急躁，而且没有自省反思的习惯。不论受到何种批评与责难，他都会把责任归咎于别人，仿佛所有的人都与他过不去似的。在班上，他的嘴很碎，但他始终认为嘴碎的是别人。他喜欢招惹别人，可往往又被别人收拾了。他总是看不惯这个看不惯那个。尤其是对女生夭夭，惹着他了，他不满；没理睬他，他也不满。他经常做出对任何事情都不屑一顾的样子，可骨子里却又特别地在乎。在担任班干部的工作中遇到难题了，马上就闹情绪，或者闹辞职，辞职后，看到别人比他做得好，他心里又极度不平衡。因此,他在班级里人缘极差。可他不但不反省自己为何落到如此地步,反而认为大家都在针对他。后来,他找了一张A4纸,在上面写了一个大大的"忍"字,贴在桌面上,我故意视而不见。因为这个"忍"字,贾亮、陈伦经常起哄:吴其,忍!吴其,忍!吴其听到这样的起哄,更忍不了了,脾气发得更大。我利用周末给他分析原因,但他始终固执地认为错的是别人。我说得多了,他就耍熊样:我就是这个样子!这叫个性!然而这种小脾气暂时虽无大碍,但如果不纠正,今后对他有百害而无一利!于是我留心起来,寻找契机,要好好地"收拾"他一顿!

周一上午,我们学习"语言交流",其中有一道题是要求学生扮演采访者对同桌进行采访。吴其跃跃欲试,手举得老高。可是,当全班同学都做好准备,安静地聆听吴其采访杨森的时候,他一上场,话未出口就先笑得腰弯背驼、上气不接下气。安静的学习氛围顿时变成了热闹的起哄。我没发火,只是笑着说,吴其,你装蒜(我故意把"蒜"说得有点像"帅",海南人的普通话不太标准,"蒜"和"帅"听上去区别不大)哪!别装了!吴其马上还嘴,我哪里装蒜(帅)了?我还是笑,你桌上不是写着忍吗?干吗忍不住了呢?

我知道,我这把火一定会烧起来,接下来,以贾亮为首的同学一定会对吴其说"忍"的事。这次一定会一箭双雕!因为我想连带着"收拾"贾亮。

果然不出我所料,一下课贾亮就开始说吴其了,并且还在"装蒜(帅)"前面加了修饰,说吴其在女生面前装蒜(帅)。这下吴其的自尊心大受打击,脾气开始发作了。

对此我装聋作哑。吴其在教室里发了一通脾气,见没人理他,只好作罢。午休的时候,我到宿舍去看寝。吴其黑着脸,发着脾气,在宿舍里冲来冲去。我故意问,你做啥呀?吴其就像找到了出气筒,冲我发火道,就是你,在教室里批评我,说我装帅(吴其干脆直接把"蒜"说成了"帅")。我没答话,故意吃惊地望着他。吴其看我没接招,更加气愤,冲进来又冲出去。见我站在宿舍门口,挡着他的道了,他还顺手推了我一下。我笑笑,说,午休吧,然后赶紧转身回家。因为我明白,吴其的火还会继续烧的,我要等到它烧得够旺了,才去泼盆凉水浇灭它。

下午,我上完八一班的课,到自己班级的教室去查看。只见吴其在教室里咆哮得更凶了,别逼我,都是你们逼的!我不会忍了,我再也不忍了!听罢,我故意笑道,吴其,谁惹你啦?吴其又把矛头指向我,说,就是你啦!哦,是我吗?我逼你了吗?我的语言越是平静,吴其就越是暴跳如雷。一旁的崔博涵说,钟老师,你太温柔了。我心里暗笑,哼哼,等会儿让吴其见识见识我是温柔还是不温柔!

吴其的情绪几近失控。我明白,他的失控并非心理问题,也非精神问题,而是因为他太自以为是,他把自己太当一回事了。他以为,我平常关心他,爱护他,他就可以在我面前为所欲为!这一回,我非让他吃点教训不可!

我把吴其叫到楼梯的僻静处,然后,用严厉的声音命令道,把头扭过来,看着我的眼睛!把眼睛睁大,用明亮的眼睛看着我!吴其声音小了,但还是把头扭向了一边。我扳过他的头,按住他的肩膀,再一次沉声命令道,看着我!吴其不敢再扭头,也不敢迎视我。我用平静而缓慢的声音说道,你受委屈了,是吧?你与同学的纠纷我可以帮你排除,但是我告诉你,我没有义务来受你的气!不管我怎么说,吴其就是一横到底,说,谁叫你批评我呢!依他这么说,我今后还敢在班上批评学生吗?今天我也得要耍性子,不然他还真以为我没脾气呢!

于是我做出咬牙切齿状,右手使劲按住他的肩膀,左手再抬起他的下巴,用严厉的口气说道,吴其,你给我听好了!今天,你一而再,再而三地顶撞我,我的尊严被你践踏了,第四节课,你必须当着全班同学的面诚恳地给我道歉,否则,我绝不罢休!吴其虽然横,但也被我的表情和声音吓着了,一下子变得安静下来,惊讶地望着我。我仍然咬牙切齿但慢条斯理地说道,我的优点之一是言出必行!

吴其的气焰顿时消退了,小声地说,我从来都没受到过这样的欺负,心里不痛快。但同学嘲讽你,跟你向我发飙是两码事!我冷冷地说。

第四节课,我到了教室,在黑板上写下"装蒜"二字,还故意叫孩子们拿出《现代汉语词典》查阅"装蒜"一词的含义。孩子们积极地查阅着,然后齐声说,装蒜就是"装糊涂,装腔作势"的意思。那么我说吴其"装蒜"辱没他的人品没有?没有,孩子们齐声说。这就对了,可是吴其竟然向我发飙,所以,吴其必须当着大家的面向我道歉,态度不诚恳,我是不会接受的!我一脸严肃。

吴其再也没了先前的气焰，而是站起来，非常诚恳地给我道歉，道歉之后还鞠了个躬。我仍然一脸严肃，说，按照德育考核，吴其顶撞老师，扣积分2分。至于贾亮、王定改，取笑同学，并且还带有恶意的嘲讽，因此必须向吴其公开道歉。他们两个是事件的始作俑者，所以扣德育积分3分，并且抄写班规一份。吴其看我处罚贾、王二人重了，赶紧说，我不计较了，不惩罚他们了。我冷冷地说，是你说了算还是我说了算？其他孩子附和道，老师说了算。

最后，我在黑板上写下"忍"字，说，我们做人，究竟要忍什么？是简单地忍气吗？不是！我理解的忍，是指真诚的原谅、宽恕、退让。唯有这样的忍才是真正的"忍者之风"，其余的，都是假忍，都不过是装腔作势罢了！我不希望我的学生只懂得装腔作势，而没有真正的内涵！

自然，这两天，我把吴其晾在了一边。尽管他时不时地找机会来向我套近乎，但我都只是冷冷地看他两眼，便把头扭向一边了，甚至有时连看他一眼都懒得看。我这样做，绝不是赌气，只是想告诉他，别把自己太当回事！此外，我想让他明白，每个人都如一粒平凡的沙子，没有你这粒沙子，地球照样会运转！

3. 把话说到别人的心窝里

> 每个孩子，早晚都要走向社会，如果不懂得人际关系，学再多的知识又有什么意义呢？

吴其自端午节前一天的展示会上成功扮演了黑社会老大后，还真找到感觉了，时不时地在同学面前摆出一副"我是老大我怕谁"的嘴脸来。

看来，吴其是老病复发了。

吴其的老毛病是说话没有场合感，也不懂得顾及别人的感受，同时，还想制造出一些显示自己是硬派男生的噱头。可是他缺乏察言观色的本领，又不看时间、场合、对象，所以往往话一出口，轻则招来一片白眼，重则招来一顿责骂，甚至还会招来一顿拳头。

昨天，在数学课上，他坐在座位上无所指地说了些夹七夹八的脏话。杨森嫌吴其聒噪影响了他听课，立时心生不快。但由于正在上课，杨森强忍着没发作。等到下课后，杨森再也忍不住了，伸手在吴其的肩膀上打了一拳。吴其不甘挨打，重重一拳还击过去。矛盾顿时升级，两人相视如仇敌。

班长谭豪为了防止事态扩大，赶忙把两人送到办公室。看到我，杨森一脸愧色，双手下垂，双腿立正；吴其则双手叉腰，一脸"我是老大我怕谁"的表情。看到吴其气势汹汹的样子，我并不睬他，而是问一旁垂手而立的杨森。

杨森简述了一下情况。说完，还补充道，就是刚才在从教室到办公室的路上，吴其也一直在骂，吴其不仅说脏话，还经常用海南本地话骂人。如果说吴其说脏话是生活环境所致，那么专门学海南话来骂人，就是故意为之了。因为海南话特别难懂，有些孩子用海南话恶意地辱骂同学和老师，被骂的同学和老师往往丈二和尚摸不着头脑，而海南学生则在一旁哈哈大笑。吴其，一个地道的四川人，竟然学海南话来骂人，这样的行为别人能容忍，我可不能容忍！因为我不仅是教师，还是四川人！他丢了四川人的脸！

我把杨森支走，留下吴其。吴其仍然双手叉腰，一脸不屑。我笑着说，把手放下，知道叉腰的肢体语言表示什么意思吗？你在潜意识里告诉我，你不怕，你有理，你在向我示威！你冒犯我了，知道吗？听罢，吴其才放下双手。不过，他的头还偏着，嘴唇还撇着。我还是笑吟吟地说，在别人面前偏着头是什么意思，知道吗？吴其回答，没意思。我笑着说，有意思，偏头表示你心虚，你害怕看到我。还有，撇嘴表示你毫不在乎，你不服气。自始至终我都没对你做出评价，你怎么就不服气了呢？吴其闻言，把头扭了过来，开始苦笑，说，怎么那么多意思？我笑着说，是啊，这里面有很多学问。就是你眨眨眼，细心的人也会窥探出你的内心世界。所以，你骂人，说脏话同样可以暴露出你内心的想法，还可以显示你的灵魂是否干净。吴其有点不信，我打开面前的电脑，用百度搜索栏搜出"肢体语言"，点出网页叫他看。吴其低下头认真看电脑上的网页，看完，他说，怎么这么复杂，连这些都有意思？我说，是啊，生活中处处都是学问，所以，我们要用脑子，每次说话，都要用脑子过滤一遍。能说的，大声说；不能说的，丢到垃圾桶里去。不然，人家会说你什么来着？说话、做事不用脑子，叫什么？吴其回答，脑残。对，做事、说话不经过大脑的人就会得到这样的称号，你想让别人这样评价你吗？见我这样问他，吴其的气终于平了，说，我知道错了，我今后一定改。

其实，我不太相信吴其能改。因为他虽然从小生活在景山学校里，但他在家里接触的人说话比较随意，也不太考虑别人的感受，所以，吴其从小就学会了这样的表达。可是，吴其要是不改，就会因此而失去很多朋友，甚至还会因此而遭到别人的欺负。我曾经教过一个学生，就因为说话不注意，女生对其敬而远之，男生视他为傻瓜而经常殴打他。后来他到深圳打工，在网吧与人发生争执以致斗殴。他是外地人，哪里斗得赢当地人？结果，一个风华正茂的青年的耳朵被人打聋了。

因此，为了吴其以后的发展，有的习惯他必须改。那么，我该从哪些方面入手帮助他呢？

第一，与吴其的家长交流，和那些说话随意的同事、朋友打招呼，当着小孩的面，说话要注意分寸和场合。

第二，与吴其签订合约，规定他在何种场合说什么话，在何种年龄、身份的人面前说什么话。如果一时不能确定该说什么话，就选择闭紧嘴巴。

第三，要求吴其读这本书——《把话说到心坎上》。

第四，教吴其观察班上人际关系最好的同学，看他们是怎么表达的，然后学着表达。

第五，多与吴其交流，给他讲一些人文性很浓的故事，增厚他的人文底蕴。

第六，请我儿子出面（我儿子很会说话，善解人意，人际关系很好），以同龄人的身份教他如何和同龄人说话。

可是，当我利用上午第一节课的时间把这些梳理出来，还没来得及与吴其交流时，第四节课，吴其又出事了。

第四节课是我的语文课，铃声还没响，我就拿着书本进教室了，刚一走进去，就看见弓弓拿着一本书追着吴其打。

原来，因为一些鸡毛蒜皮的小事，吴其又张口乱说了。弓弓大怒，拿起书本便追打他。我没有批评弓弓，反而大声说，打得好！大家鼓掌！孩子们顿时响起掌声。不是我有意要羞辱吴其，实在是因为他需要吃点亏，才能学聪明。我保不了他一辈子，他这张嘴要不在学校收拾干净了，今后出了学校不知会挨多少打，那个时候，谁会去保护他的自尊心？

掌声停止后，我说，吴其，中午在家等我！我要去家访，看来我很有必要跟你父母交流了。上次交流之后，有很长一段时间你表现得很好，表达也得当，同学关系也很融洽，可是最近，你的恶习又卷土重来了。

放学时，吴其找到我，说，老师，我想和你谈谈，你能不能不去我家家访？我刚才反思了，我彻底想明白了，问题是出在我身上。我黑着脸，没理会。吴其又低声下气地求道，老师，我真的想明白了，我要改。说完，吴其哭了起来。其实，我要奏吴其的本简直太容易了，他的父母都是食堂的员工，我 天可以见他们几次。不过班上的孩子都很清楚，我从不单独见家长，我要见家长，必须有孩子在场。我看吴其是真心要改，况且他的父亲又比较急躁，所以顺势说，我可以不去家访，但是你必须依我所说的去学习言语表达，否则，你将会成为孤家寡人！

吴其点点头，抹着眼泪走了。

看着吴其的背影,我的心情非常沉重。曾经看到过一段话:第一代人不识字,第二代人不懂电脑,第三代人不懂人际交往,这个社会是进步了还是退步了?其实,像吴其这种不懂人际关系的孩子不少,只是吴其的情况比较严重、典型而已。每个孩子,早晚都要走向社会,如果不懂得人际关系,学再多的知识又有什么意义呢?

4. 随声附和，巧妙熄火

> 要营造一个快乐、和谐的班级，我想，班主任的表达方式非常重要。

中午，冒着热气，走进熙熙攘攘的学生餐厅。刚走到我班孩子用餐的地方，就听到王定改火气旺旺地在叫我，老师，尤玖踹我！我闻声扭头一看，他坐在自己的餐凳上，对着面前的一盘美食，却无心享用，那张胖脸由于气愤，少了以前的红润，变得有些乌黑。

我同情地说，尤玖为什么踹你啊？王定改气愤地说，无缘无故就跑上来踹了我一脚。我说，哦，原来如此，那你心里一定很气愤吧？王定改点点头。我继续用同情的语气说道，那你想不想踹他一脚啊？王定改仍然气愤难平地说，想！我笑着说，对，别说你，就是我，要是被他无缘无故地踹一脚，也会想上去踹他一脚，真不像话！王定改好像得到了极大的安慰，说，但是我没有踹。我笑着说，好，做得真好，那你吃饭吧。王定改顺从地应着，嗯。然后拿起筷子，毫不迟疑地扒拉着餐盘里的饭菜。我没再说话，转身走了。走了几步，又转身回头看，只见王定改已经和邻桌有说有笑了。

为了确保孩子们的休息，餐后我没去找尤玖"兴师问罪"（我有三条死命令，其中之一就是不得殴打本班同学，显然，尤玖违反了我的规定）。

下午第一节课前，我站在教室后面看学生准备"课堂三有"（有书、有笔、有本子），田心很没礼貌地喊道，老师，你过来！我笑着说，我不过去，因为你没请我，我不习惯被命令。坐在后排的贾亮和班图同时哼了一声，拖长声音教导田心道，要说请。田心有点尴尬，讪笑两声，说，那请老师过来。旁边的贾亮帮我打抱不平，说，你过去啊，还让老师走路！

我望着贾亮笑了笑，什么都没说，径直走向田心，问，有何贵干？田心指着窗外，恨声恨气地说，不知是谁把我的笔袋丢在外面了，笔袋被打湿了，不能用了，肯定是女生干的。弓弓也知道，可竟然不说。我要将她找出来，我要她赔！我要对她不客气！看着小个子的田心指手画脚的样子，我心里很好笑，本想说，你把那个人找出来有什么意义呢？继而一想，这样会不会让他更恼怒呢？再说马上就要上课了，他带着恶劣的情绪又怎能上好课呢？于是掉转话头，附和着他说，心里特难受，是吧？的确不像话，这么好的一个笔袋竟然被弄脏了，好可惜啊！田心火气竟然小了，说，唉，算了，算了，不要了。我说，要是我的话，我一定会去捡起来洗干净了再用，丢掉了好可惜哦。我拖长声音摇着头，一脸惋惜的样子。田心竟然一点儿火也没有了，笑着说，我家里还有一个呢。突然，一阵兴奋的喧哗盖住了我的声音，我扭头看向门边，只见大胡子外教喊着"哈喽"进来了。田心呢，对我一下子没了兴趣，也跟着大家向外教"哈喽、哈喽"地打着招呼。

  我悄悄地，但满含笑意地离开了教室。

  第二节课间到教室去溜达，看到田心在愉快地跟大家嬉闹，问，田心，你的笔袋呢？田心笑吟吟地回答，还在那里，我知道是谁弄掉的了，不过我无所谓了，我是男人嘛，要保护女生的！说到保护女生时，他还特意拍了拍自己的胸口。我笑着拍拍他的脑袋，赞赏地说，嗯，不错，真有男人风度！田心得意得满脸发光，眼睛都笑眯了。我拍着他的肩膀说，那去把它捡起来吧。田心顺从地跑到窗台旁，再翻过去把笔袋捡了起来。我想，这件事就该到此为止了，知道是谁弄掉的已经没有任何意义了。

  至于尤玖，我可不能轻易放过，我要弄清楚他踹王定改的动机，这种现象不及时遏制，今后就会有孩子效尤。一个班级，若出现内乱，就容易形成帮派，一旦形成帮派，这个班级就将会走向"灭亡"，因为没有谁愿意待在一个没有安全感和归宿感的班级里。

  尤玖的理由是王定改多嘴、嘴贱、嘴臭，听着心烦，看不惯，然后就火气大，火气大了就想收拾他。尤玖所说的并非虚构。王定改的确有这个毛病。但我没附和尤玖，而是故作疑惑地说，怎么叫嘴多、嘴贱、嘴臭呢？尤玖向我解释道，他不该说话猛，又爱说挖苦人的话，还说脏话，而且声音超大，好像觉得自己理由大得很。

  说句实话，王定改也真是欠揍，所以偶尔被收拾一下也未尝不可。但这次实在不可以睁一只眼闭一只眼，不了了之。于是我温和地对尤玖说，你上周逃课回来，我既没骂你，更没打你，甚至连责备你的话都没说，为何你还要当着生活老师的面叫我"死钟杰"呢？依你的观点，我岂不是要追到你家里来打了？尤玖连忙道歉，说那是误会，是乱说的，心里根本没有怨恨。我表示相信尤玖说的话，同时，我要求他在班会上当着全班同学的面给王定改道歉。尤玖有点迟疑，我说，不管王定改有多少缺点，这都不应该成为他被同学踹的理由，所以，这个歉是必须道的。尤玖最终同意了在班会上向王定改道歉。

说起来，王定改也真好笑。当我把中午的事情描述完毕，说尤玖要当着全班同学的面给他道歉时，他竟然有点受宠若惊，连连摆手，说，不用了不用了。我笑着说，那可不行，我有死命令的，可不能坏了规矩。班会上，尤玖黯然走到王定改旁边，低头向王定改说对不起，"起"字的音还没说完，王定改就急不可耐地说，没关系。他那受宠若惊、急不可耐的表情，再加上他那张笑得过于灿烂的脸，把大家都逗笑了。我笑着打趣，王定改，你说你心里想踹他，怎么又没踹啊？王定改笑嘻嘻地说，我打不过，所以躲。孩子们快乐地哄笑起来，我故意幽默道，哦，老虎屁股摸不得，就不摸了。下面又是一阵笑声。

笑声停止后，我正色道，大家说，为何王定改会招打？有没有根本原因？以贾亮为首的孩子们大声道，就是他那张嘴！我笑着说，是的，就是王定改的嘴巴为他招来了祸，所以啊，王定改，今后要想过太平日子，还得从你的嘴改起，不该说话时闭紧嘴巴，与别人说话时要考虑别人的感受，另外，不可说脏话哦，那最容易招打了。由于我事先和王定改沟通好了，他心里正得意呢，所以这几句话，他听得不仅不恼怒，还直点头，并信誓旦旦地说今后一定改正。

要营造一个快乐、和谐的班级，我想，班主任的表达方式非常重要。一旦学生之间发生纠纷，弱势方或者受损方进行投诉，班主任一定要站在他们的立场，帮他们消气、熄火，然后再询问因果，如若事态严重，就要严肃处理，为他们撑腰；如若无甚大碍，最好不了了之。总之，言语一定要拿捏到弱势方或受损方听了解气消烦、强势方听了自愧生歉的程度。因为班主任平时看似不起眼的一言一行就是最好的教材，一个懂得春风化雨的老师，才能营造一个和风送暖的班级。

5. 孩子，请看护好你心中的手榴弹

> 一定要时刻看护好自己心中的手榴弹，因为一旦引爆它，于人于己都是一种伤害。

今天"进门三看"，首先看到李改气冲冲地坐在座位上，眼珠横斜，嘴唇紧抿，一脸的苦大仇深。然后便是一群孩子围着我，小鸟般地一阵叽叽喳喳，说李改"兔子吃了窝边草"，竟然用书拍了苏光四下。这还了得！我可是下了死命令的：不准殴打本班同学！李改竟然违反规定，他真是胆大包天了！不过，我心里虽然这样想，嘴上却没这样说。

我笑着说，李改没有暴力倾向啊，他怎么会拍打苏光呢？众人杂然相叙，一时各种版本横生。人多嘴杂，谁是谁非，我难以判断，不由得露出了为难的神色。张晓晓见状，立即拨开人群，朗声道，老师，我目睹了事情的全过程，我来说——

王定改从刘越那里拿了李改的本子，跑到苏光的座位旁，递给苏光。李改生气了，拿本书就追，追到苏光那里，苏光拿着本子正要递给李改，李改却不问青红皂白就朝着苏光连拍了四下。

张晓晓刚说完，李改就气冲冲地补充道，是抢！王定改辩解道，是拿！

我没说什么，转身在黑板上写下"拿"和"抢"，问孩子们，从感情色彩上讲，"拿"是什么词？是中性词，孩子们回答。那么"抢"呢？是什么词？贬义词！孩子们再答。对了，词是有感情色彩的，因此，我们用词的时候一定要注意场合，千万不可感情用事或者凭主观臆断随意用词。现在，我们根据当事人的措辞来看究竟用"拿"好，还是用"抢"好。本子是李改的，王定改是从刘越那里把本子拿走的，现在，由刘越来说，王定改实施动作行为的时候，表现出来的是"拿"，还是"抢"？刘越大声回答，抢！怎么讲？我笑着追问。因为他没经过我的同意，强行从我这里把本子拿走了，所以应该是"抢"。

从我进教室开始，不论大家说什么，王定改的脸上都泛着一种毫不在意的笑容，可是，在听完刘越的述说之后，他立马脸红了，歪着脖子争论道，我是从刘越那里抢的，又没从李改那里抢。王定改显然是在狡辩。李改不服气，反击道，但是你抢的是我的本子！

我笑着打断他们的争辩，说，我来讲个故事，先打个比方，我把本子比作手榴弹。孩子们听我把本子比作手榴弹，都在下面笑。我不管他们的笑声，继续说，这颗手榴弹本来是李改的，寄放在刘越那里请他保管，可是，王定改觉得这手榴弹好玩，占有之心顿起，不经刘越同意，顺手把手榴弹抢了，可是又没地方存放，于是充当运输员，哼哧哼哧地把手榴弹运到苏光那里。苏光莫名其妙，拿着手榴弹不知如何是好。这时，手榴弹的拥有者李改心中那个气啊，真是难平，当下决定，拿本书充当爆破筒，以迅雷不及掩耳的速度冲到苏光那里。苏光看着李改手持武器有备而来，顿时不知所措，赶紧讨好地把手榴弹递给李改。李改正在气头上，不管三七二十一，把爆破筒一拉，轰隆一声，手榴弹被引爆了，苏光，毫无悬念地被炸得粉身碎骨。哈哈，孩子们笑得前仰后合。而李改，原本愤怒的脸不但乐开了花，竟然还笑出了声音；苏光呢，故意苦着一张脸，夸张地耸一下肩，双手一摊，说，我完啦；王定改则黑着一张脸，磨磨蹭蹭地整理着课本，以显示自己的毫不在乎。

等孩子们笑完了，我严肃地说，手榴弹爆炸事件，真正的始作俑者是谁？王定改！大家毫不含糊、清晰地回答。李改本来是一个受害者，由于处置不当，引爆了手榴弹，变成了什么？害人者！孩子们答道。对，答得很好，也可以这么说，由原告变成了被告，我笑着说，苏光呢，真是祸从天降，无辜受害，也就是说，王定改和李改因为一个本子把事情闹大了，并且殃及无辜。大家说说，王定改的行为可以用一个什么贬义词来形容？可恨！孩子们答。那么李改引爆手榴弹伤及无辜可以用什么词来形容呢？可怕！孩子们回答道。苏光呢？苏光摊开手自己说，可怜。

看到苏光自嘲的样了，我心里一乐，脸色变得柔和，温言道，今天，我无意责备哪个同学，我只是想告诉你们，如果这真是一颗手榴弹，后果将会怎样，大家看得清清楚楚！我也顺道告诉大家，不论发生了什么事情，第一步要做的是冷静；第二步要做的是置身事外进行分析；第三步要做的是分析之后做出准确的判断；第四步要做的是选择，选择的原则是两害相权取其轻。

　　我一边说，一边把一些关键词板书在黑板上，王定改和李改都羞愧地低着头，而其他孩子，在我没做任何提醒的情况下，竟然拿着笔在不停地做笔记。但愿他们不只是记在笔尖，而且记在心里。

　　这本来是一个突发事件，我进教室之前根本没想到，会有这样的事情发生，但既然发生了，我也不怕耽误我的语文课，其实这也是很好的语文教学资源。我一直认为，一个心态不好的人，是学不好语文的；或者说，一个不善于感性描述和理性分析的人也学不好语文。所以，我灵机一动，把一起同学纠纷当作一个故事来讲，既告诉了孩子们生活中任何一件事都可以是我们学习语文的材料，又把我要阐述的道理有意地渗透在这些材料之中。我希望我的这些孩子们通过这件事能够明白，任何人心中都有一颗手榴弹，所以，我们一定要时刻看护好自己心中的手榴弹，因为一旦引爆它，于人于己都是一种伤害。

6. 把带刺的话变成花儿送给学生

> 老师说话时，一定要栽花，莫栽刺，把带刺的话变成花儿送出去，那么，我们收获的就不仅仅是香味。

一早到办公室，就听一个班主任老师在训斥学生：你一个新生，地皮还没踩热，就这么不听话，这怎么可以呢？是不是你以前的习惯很差，习以为常了啊？你把以前的坏习惯都带来了，是吧？和你说了多少次了，可是你改了没有？你不想学习，是吧？是不是不想学？啊？要学就好好学，不然就出去！给你讲了，叫你认真听，你偏不听！我告诉你，下课时你不能出去玩，只能坐在你的座位上，听到没有？怎么回事嘛？真是的！

……

我实在是听不下去了，这哪里是做学生思想工作？这纯粹是把学生往自己的敌对阵营推嘛！唉！其实好多学生都生活在这样的言语折磨之中，难怪现在的学生缺乏真诚，不懂得理解他人，因为他们没学会啊！他们在老师那里只学会了刁难和指责，所以，他们回报给老师的也是刁难和指责。

我郁闷地向教室走去，一进去就立即展开"进门三看"——看表情、看桌面、看地面。表情不错，个个阳光灿烂；地面也被早到的杨森收拾得干干净净；可是一看桌面，却有好几个孩子的书本凌乱地散放在桌面上，很伤教室的美观。尤其是王定改的桌面，简直混乱不堪。首先是一本英语书放肆地大开着，肆无忌惮地横斜在桌面上，上面还歪歪地压了一本32开的小书，它的旁边竖放着一个作业本。更让人厌烦的是，两支呈十字交叉的笔可怜兮兮地摆在那里，王定改不仅乱摆东西，还邋遢得连笔帽都没盖上。

本想说他一顿，突然想起在办公室里听到的老师训斥学生的话语，不仅学生听着难受，连我这个旁听者都接受不了。所以赶紧把要说的话吞了回去，唉，还是留点口德吧。我要是毒舌一伸，刻薄话一说，王定改肯定满心怨恨，一上午都没好心情听课，那么，我就不是种花，而是栽刺了。然而不栽刺，总得种花吧，我何不把带刺的话变成花儿一样的语言送出去呢？

于是笑吟吟地长腔长调地说，王定改，你那英语书好可怜哦，累了一天，月亮睡了，星星也睡了，你也睡了，可是你的英语书却还在工作着。不仅工作着，还被一座大山压迫着。还有你的两支笔，无怨无悔地为你工作，可是，你只顾忙着自己休息，竟连衣服都不给人家穿，真可怜啊！那些围聚在我旁边想看王定改笑话的孩子听我这样一描述，嘿嘿地笑着跑开了。而王定改呢，羞涩地笑着说，老师，我知道错啦，我马上收拾。

没有指责，没有怨恨，有的只是笑意和立即出现的干净桌面，然后就是赏心悦目。

上午第四节是我的课，下课后，孩子们兴奋地走出教室，列队到餐厅用餐。王定改是个"大吃家"，所以对吃非常感兴趣，看大家出去了，一个箭步也冲了出去，桌上的书仍然没合上，笔也横斜着，没盖笔帽。我拍着王定改的肥肚说，王定改，你的笔还是"裸体"呢，它会害羞的。王定改拍拍脑袋，不好意思地说，哦，我忘了，我马上给它穿衣服。说完走进教室把桌面收拾得干干净净。

特别值得一提的是，晚上放学时，我没做任何提示，王定改一边收拾桌子，一边自言自语，我今晚要把书和笔收拾好了。我放眼看去，把桌面收拾好的不只有王定改，全班的孩子都把桌面收拾好了。

现在回想起来，如果我当时看见王定改的桌面一副"脏乱差"的样子，立即就火了，厉声责骂道，王定改，你真不像话，你不爱干净，不讲规范，你这样的孩子没人喜欢，而且全班同学也会讨厌你……那会是什么结果呢？不难想象，王定改肯定会把桌面收拾干净，但他心里却留下了一根刺，必要的时候，他会把那根刺狠狠地刺进我的心里。因此，老师说话时，一定要栽花，莫栽刺，把带刺的话变成花儿送出去，那么，我们收获的就不仅仅是香味。更重要的是，这种香味一传播给学生，他们就会回馈给老师同样的香味！

7. 把进攻的话说成退让的话

> 我们很多老师总爱跟孩子较真，好像孩子不拿个什么说法或者做法出来，天就要塌下来似的，那些所谓的不听话的孩子马上就要去坐牢似的。有那么严重吗？

菲菲老师黑着脸冲进办公室，把手上的教材"啪"的一声丢在办公桌上。然后，坐下来，深呼吸，待那股怒气悠悠荡漾之后，山洪般的抱怨立即冲我而来，因为我是班主任。

菲菲老师气冲冲地说，气死我了，你们班的学生真是太不服管教了！

我不知道班里的孩子怎么惹着她了，只是默默地看着菲菲老师，等她说下去。接下来，她的气稍微平缓了，说，我上课时，有两三个说小话的，有两个看漫画的，更严重的是，还有两个在传递漫画。我淡淡地"哦"了一声，心想，这些孩子这样的行为应该还"气不死"人吧。

菲菲老师继续说，我叫他们把漫画给我递上来，他们竟然不递，我就下去拿。刘喜旺还把漫画死死捂住，我就硬抢。抢到漫画我转身到讲台上，双手一扬，哗啦一声就给撕了。刚撕完，刘喜旺就从桌肚里拿出一本，挑衅地说，撕吧，撕了我还有。我又下去抢来撕了。刚撕完，他又拿出一本，说，撕吧，我家里还有，堆起来，比你还高呢。你说，这样的学生咋教啊？真把我给气死了。这马上就要期末考试了，咋还这样呢？我不想继续听菲菲老师的牢骚，截住她的话头笑着说道，那你真是惨败而归了，等我下午去收拾他们吧。然后转过头做自己的事，同时，也没停下思考。

其实，但凡是孩子，都要瞅空干在老师看来是无聊而在他们看来是有趣的事。鲁迅幼时在三味书屋读书时，寿镜吾老先生读书读到得意之时，那些小孩子不也在下面玩各种游戏吗？

做老师的，何必跟他们较真呢？难道除了撕书，就没有更好的做法了吗？

你去调查孩子们为何在你的课堂上出现这样的状况了吗？这些孩子在每一个老师的课堂上都是如此吗？他们为什么喜欢看漫画呢？漫画的精彩之处在哪里呢？自己的学科可否与漫画接轨呢？这些孩子的家庭背景如何呢？家长的期望是高还是低呢？家长对孩子的教育是正还是歪呢？……很多"为什么"都需要老师去寻找答案，可是，除了使用蛮横的手段外，你做了什么呢？牢骚发完之后，你去做了什么样的沟通和补救呢？

下午，我来到教室，不温不火、不急不慢地说，看看后面的黑板，离考试还有几天啊？学生回答，6天。哦，很紧张了呢，大家还记得我们复习备考时我许下的诺言吗？"乡间烤鱼"，记得不？我故意把"乡间烤鱼"四个字说得很重。孩子们马上来了兴趣，纷纷扭头看向窗外，目光停留在学校对面的"乡间烤鱼"酒店。语文平均分超过二班5分，数学、英语与他们持平，我就请大家到"乡间烤鱼"吃烤鱼，我可是记得清清楚楚的，我把钱都准备好了，至于能否吃到，那得看你们的复习准备得如何了，我笑着说。孩子们相互询问之后显得紧张了。

我说，为了让你们能敲我一笔，我给你们出个点子吧。我看现在有一部分同学显得比较松懈，把大量的漫画书带到学校看，我并不禁止大家看漫画书，可是有几个同学自控力比较差，竟然在课堂上看漫画，这不仅影响了自己的复习，还影响了老师上课的情绪，最主要的是自己准备不充分，拖垮了大家，害得大家吃不了"乡间烤鱼"，我可不想大家为我节约啊，这点钱，老师还是出得起的！说完，我首先呵呵笑起来。孩子们顿悟，纷纷道，对啊，我们可是想吃"乡间烤鱼"的呀，怎么办？不准看漫画书了，把漫画书给没收了。我说，那倒不必，这样吧，我义务为大家做几天保管员，你们每个人都检查一下自己的桌肚，凡是与这次考试无关的书籍，都收起来，交给我帮你们保管，3号上午，考完之后，我立马把这些书还给大家。你们觉得怎么样？孩子们纷纷点头，立即起身翻看自己的桌肚，然后，一个个把桌肚里的各种课外书籍都交到讲台上来了。我看着一堆课外书，笑着说，交给我，你们放心吗？不怕我会吞掉你们的书吗？放心，孩子们异口同声。

两个孩子帮我将所有的课外书籍抱到办公室收藏好了。刘喜旺也主动把他的所有课外书找出来，放到那一大堆课外读物里去了。

我们很多老师总爱跟孩子较真，好像孩子不拿个什么说法或者做法出来，天就要塌下来似的，那些所谓的不听话的孩子的人生马上就无望似的。有那么严重吗？很多时候，我们只要换一种心态，不去跟孩子较真，退一步，待到心平气和时再另寻他途，就一定会把孩子"收拾"得服服帖帖的。

教师就像一面镜子，你用什么表情和孩子说话，孩子就还你什么表情；你用什么方式向孩子表达，孩子就还你什么表达。因此，老师在批评学生时，一定要懂得进退，把一些尖锐的话变成温和的话，在一些苦涩的话里加点糖，然后，把进攻的话说成退让的话，这样，学生怎么会不买你的账呢？

第四辑 | 浪漫的季节
　　　　有一个浪漫的你

早恋，是一个敏感而又多彩的话题，也是令每一个家长和老师头痛的话题。那么，当孩子遭遇早恋时，亲爱的班主任老师，你会怎么去理解学生，并帮助学生走出迷茫与无助呢？

1. 不要轻易给孩子贴上早恋的标签

> 初一的孩子大多数还处在懵懂阶段，所以不宜在班上大肆谈论早恋这个话题。因为这样无疑是在向孩子暗示，他们该早恋了。

昨天，王春妈妈给我打来电话，忧心忡忡地说，孩子在谈女朋友。我反问，你能确定吗？王妈妈说，确定，我在网上查了，他给一个130打头的号发了好多短信；还有，他瞒着我说回家看电视，结果等我回到家，他又在发短信。我故意套他的话，没套出来，然后他把手机交给了我，下午，130号打过来了，我问她是谁，她反问我是谁。我说是王春的妈妈，那个女孩赶紧挂了。王妈妈就凭这些蛛丝马迹认定儿子在早恋，于是审问王春，王春说那个女孩是他认的姐姐，是海口一中的，不是女朋友。王妈妈始终不相信，所以打电话告诉我，希望我帮她审问一下王春，再调查一下那个女孩。我当时为了稳住王妈妈，满口应承。

今天早晨，数学老师又对我说，要找夭夭好好谈谈。我问为什么。数学老师说，这孩子可能与二班的李某在谈恋爱。我追问，他们是在交往还是已经确定了恋爱关系？数学老师也拿不准，只好说估计是处在交往阶段吧。

一般情况下，初一的孩子大多数还处在懵懂阶段，所以不宜在班上大肆谈论早恋这个话题。因为这样无疑是在向孩子暗示，他们该早恋了。可是，孩子的青春期无可避免地要在初中阶段出现，老师没有一个预防方案也是不行的。我之所以一直没在班上说"青春期"的话题，是因为这学期的生物教材上有非常翔实的青春期性教育内容，生物老师又是一个非常专业且颇懂教育之道的老师，所以我相信由她讲比我讲效果好。我讲，每个学生都知道我是在教育他们，而生物老师讲则是顺理成章地上课，学生也就自然而然地接受了"性教育"。再说了，早恋这种现象要预防，而不能等出现了再处理；即便出现了，也没必要拉开架势大动干戈来处理，而应该悄悄地疏导。

一般情况下，孩子要是早恋的话，选择的对象不会太远，因为远距离会把"爱情变成神话"，所以同班同学相恋的最多。而要防止同班同学相恋，做好女生的工作是最关键的。我记得有位教育家说过"在学校，一个好女孩能带好十个男孩"这样的话。女生就像花，如果是骨朵，蜜蜂就会不闻不问；如果含笑怒放，就会招蜂引蝶。所以，要关注女孩，关心女孩，教会她们适当地隐藏自己的幽香，黯淡自己的花瓣，这样，那些心慌意乱的蜜蜂闹腾一阵之后，也就不了了之了。

回过头来说王春和夭夭吧。

王春是一个大孩子，已经完全进入了青春期。今天课间我到教室，正好看到黑板上有关于青春期的变化的内容：一、遗精，二、月经。我笑着问王春，上面第一个变化你有没？王春虽羞涩，但还是很大方地告诉了我，有。而夭夭呢，虽然喜欢和男孩子交往，她的心理已经进入青春期，然而还是一个干瘪的女孩，到现在月经初潮都还没来。在这种情况下，我如果贸然给两个孩子贴上早恋的标签，然后对他们严加审问，再严密监视，那么，他们很可能就会去早恋。

但是，我要当什么都没发生，也是不明智的。毕竟孩子进入青春期了，心里对异性有了渴慕，所以需要老师理解、陪伴、抚慰，进而帮助他们顺利度过青春期。

于是，我分别找王春和夭夭谈话。

找到王春是黄昏后，在球场旁，他已经洗完澡，一身清爽地在跟贾亮闲聊。听我说要跟王春聊聊，贾亮很懂事地走开了。我面对王春，把手搭在他的肩膀上（这是我最喜欢的姿势。和孩子近距离地面对着，再把手搭在孩子的肩膀上，有些高个的孩子比我高出一个头，我说话时须仰头，但我喜欢这样，因为彼此都可以看到对方的眼神和表情），说，这周回家有没有不愉快？王春马上委屈地说，我妈冤枉我，说我在交女朋友，把我的手机都没收了。我笑着说，学部本来就不准带手机，正好保护了你的手机嘛，不过，被冤枉的感觉不好受啊。王春感觉找到了知音，马上点头应承，嗯，就是，很不舒服。我坏笑道，莫不是你真的恋爱了呢？给我说说，那女孩子漂亮不？王春赶紧申冤：不是，那是经人介绍认识的干姐姐，她是海口一中的，初二，人家有男朋友了。我还是笑，那没好感又怎么可能认姐姐呢？我又没平白无故地去认一个干哥哥。王春不答话了，只是笑。其实，从王春的笑容里，我知道他对这个女孩是有好感的，但是我觉得没必要再纠缠了，只是笑着说，你看，我距离你很近，你脸上有多少颗青春痘我都数得清楚，我脸上有多少颗雀斑你也看得清楚，这就叫近距离破坏美，所以，与异性交往最好保持一定的距离。

之后，我又找夭夭在走廊上闲聊。我自始至终都没说她和二班李某传递纸条的事。事实上，夭夭传递纸条又不是第一次，她有这个喜好。她是一个外表看起来很柔顺，骨子里很倔强的女孩，甚至她的性格里还有男孩子的那种强硬。因此，她喜欢与男生交往，要是给她贴上早恋的标签，就很容易把她推向男孩堆里。

我绕了一个大圈子，问她与母亲的交流是否顺畅，交流得是否快乐，和弟弟妹妹的关系改善得怎样。夭夭毫不隐瞒地给我说她的改变，说她妈妈对她的疑心，自然就说到她从小生活在男孩堆里，所以找男孩子玩就跟找女孩子玩是一样的。夭夭是一个很会说话的女孩，只要话匣子一打开，就有极强的表达欲望。我也不打断她，偶尔表示理解、同情地插一下嘴。结果，夭夭一股脑儿地跟我说了许多，从她毫不设防的言谈中，我知道，夭夭根本没有早恋。她只是喜欢跟男生玩而已。但我还是顺带着提醒她，要学着多和女生交往，夭夭表示同意，并且说和女生的交往已经让她感觉到了愉快。

两个孩子，是不是早恋了呢？目前还看不出迹象，所以，我不愿意给他们贴上早恋的标签。但我不会就此不闻不问了，我会暗暗留心，时刻关注着他们的心理变化，因为预防总比治疗轻松啊！

2. 真情离间计

> 其实，早恋也是早练。夭夭只不过比别人提前练习了恋爱的课程，也比别人提前尝试了失恋的滋味。

夭夭与二班的李某纸条传情，先是成了班级秘而不宣的事情，接着就有一些心智幼嫩的家伙出来乱说一气，把夭夭气得要死。当然，我也顺理成章地进驻了夭夭的心灵。

我先是从夭夭那里获得了所有的情报，然后，又在班上大肆批评那些乱说的家伙，为夭夭正名。接着，我切断了给夭夭和李某传递纸条的路径。最后，我与夭夭长谈，告诉她要与多个男生等距离交往，而不要只固定与某个男生交往。这样，既能体会到与男生交往的乐趣，又能保证自己的名誉不受损害，更可以趁此机会看清楚哪些男生值得交往，甚至可以和他们成为好朋友。夭夭把我的话听了进去，果然不再与李某传递纸条，并且显得安静了许多。起初我很得意，2009 年第一个早恋问题就这样被我轻易地化解了。

某天上课，在行间巡视讲解，走到夭夭的座位旁，不经意地窥探过去，竟然看见她在算草本上写满了李某的名字。那一刻，我才知道，夭夭的心里还装着那个男孩。可是，李某并非一个品学兼优的孩子，对于家长的告诫他充耳不闻，对于老师的劝诫他置之不理。而夭夭单纯的如早晨的初阳般清新，她不像其他女孩那样，懂得在品行不良的男孩面前设防。这样的女孩，是叫人喜欢又叫人担心的。那么，我要怎样才能让夭夭对李某彻底死心呢？

记得曾经看过一种叫"恋爱酸葡萄机制"的方法，或许这种方法能遏制夭夭去思念李某。但是，叫谁去丑化李某呢？我吗？堂堂一个人民教师，在孩子面前去说另一个孩子的坏话，这会让学生怎样评判我这个老师的人品？可是，这样的事情，参与者、知道者越少越好啊。我犹豫着，迟疑着，总是没有勇气在夭夭面前说李某的不是。

于是，我选择等候，等到最合适的时机再抖出一切。只要真相大白，一切无悔于心。

机会终于来了。

上周五，学部主任在巡查时，从窗户外窥探到李某置老师的讲课于不顾，正在低头奋笔疾书。于是悄悄走到其身后，缴获一张小纸条。从内容来看，是一女孩先写给李某的，李某正在回信。如果说男孩女孩动了情，在纸条上写些彼此思念的话语也未尝不可，就如那堰塞湖，只有开一个口子泄洪，才能把危险降到最低。但李某在回信中不是诉说思念，而是约见面。这个纸条当然引起了主任的高度重视，于是责成班主任调查。班主任自然不敢怠慢，首先拿纸条给我看，请我证实纸条是不是夭夭所写。我一看，心中石头落地，因为那字迹显然不是夭夭的。后来经过调查知道，李某已经移情别恋，约的女孩另有其人。

关于李某的班主任是如何处理这件事的，我没再过问。但由此我看到了一条消除夭夭心中的阴霾的阳关大道。

思虑了几天，我还是打算向夭夭说明真相，彻底离间他们两人的关系。只是，怎样说夭夭才会相信我所说的是真的呢？她会不会怀疑我故意设套离间他们呢？

或许，以退为进比较合适吧。

于是，我找到夭夭，抚着她的肩膀，笑着说，想和你说说话，可以吗？夭夭点点头。于是拉着夭夭走出教室，慢慢走到楼梯的既背风又背人的地方，我欲言又止，看着夭夭呵呵直乐。夭夭疑惑了，问，老师，说什么啊？我抿嘴笑道，我想说，但又不想说，我担心你不信任我，说了也没有意思。夭夭赶紧表示，老师，我相信你啊！绝对相信！我装作极不情愿的样子，说，这涉及别人的秘密，我要是对你说了，好像是在出卖别人的秘密似的，心里不舒服，再说了，这秘密与你也多少有点关系。这下，我不说是不行了，因为没有哪一个人不关心牵涉到自己的秘密。夭夭好奇了，拉着我的手臂，央求道，老师，说嘛，没事的，我相信你。

我装出一副豁出去的样子，说，那我先问你，你心里还有李某吗？夭夭不作声，低下头，脸儿红红的。我笑着说，看看，心里还没放下，是吧？不作声就是默认了呢。哎，冤孽啊！我摇头叹气。夭夭抬起头，疑惑地望着我，眼睛里满是恳求。我不忍地说，你对李某痴心一片，可是人家已经移情别恋，亲自写信给另外的女孩，赌咒发誓说爱她，还约定在某个时刻某个地方见面呢，我可怜的傻姑娘啊，还在死心塌地地想着他。夭夭的脸顿时由红转青，目光也灰暗了。我拍着她的肩膀安慰道，不要怄气，这样的男孩不值得！离开得越早，你身上的"臭味"就越少！夭夭咬住嘴唇，忍住眼眶里的眼泪，点头转身回去了。

  看着夭夭的样子，我心里有些后悔，觉得不该挑破夭夭心中织就的美锦。但是，面对这样的变数，如果我不说穿真相，岂不会害夭夭越陷越深？所以，这虽然是一个离间计，但我觉得问心无愧！

  其实，早恋也是早练。夭夭只不过比别人提前练习了恋爱的课程，也比别人提前尝试了失恋的滋味。其实，失恋未尝不是好事，它可以使人变得成熟和理性。希望每一个孩子，在自己的青春期都能走一条光明的情感道路，好好地把握住自己心中的那份真情，不要轻易押注。当然，这里绝对少不了老师的真诚帮助和细心呵护。

3. 优雅地转身

> 孩子遇到感情困扰时，与其大惊小怪，讲道理，还不如与孩子真诚地交流，用文字去温暖孩子那颗失落、无助的心胜过所有的言语。

我在海南教的这些孩子，由于从小生在蜜罐里，长在甜筒里，所以学习劲头无论如何也比不上我以前的那些学生。不过，期末将至，他们心里多少还是有几分紧张的。加上学部天天检查，天天开晨会，我的班级也趋于平稳，所以，最近一两周，孩子们忙于复习，除了一些芝麻小事之外，无甚大事，害得我心里暗叫"英雄无用武之地"了。

不过，还是有一个孩子的表情没有逃过我的法眼。这个孩子就是一直被我认为是最稳重的女孩春芽。春芽是一个办事稳当、为人稳重的女孩。学习虽然不是上乘，但也算努力。可是，最近，我老是发现她走神、发呆，下课也窝在座位上不动。一个女孩子这样发呆，如果不是为亲情伤神，就是为友情怄气，或者是为爱情沉沦。春芽有关心体贴她的父母，有相交甚笃的朋友，那么，她是在为哪个男孩黯然神伤呢？

课间，我笑着问春芽，家里最近还好吧？新添了妹妹，是不是心里有一股醋意，对爸妈起了怨恨之心？春芽赶紧解释，没有啊，添了小妹妹我也很高兴。那是不是在宿舍与同学吵架了？我笑着转移话题。也没有，和同学关系也挺好的。我嘟着嘴，故意夸张地笑笑，说，哦，我明白了，一个女孩子黯然神伤，既不是为亲情，也不是为友情，那一定是为爱情了。春芽没有反驳，也没有秘密被猜中的恼怒，而是静静地点点头。我没发表"早恋有害"的言说，只是叹了口气，说，我理解你的心情，感情的伤害，只有时间才是最好的药物。

过了一天，晚修前，我坐在教室里看孩子们嬉戏。春芽走到我跟前，告诉我她喜欢她的一个小学同学，但是那个男同学对她特别冷，她很难受，想放弃，可心里又舍不得，所以心里很烦恼。说实话，有关"早恋有害"的理论知识我可以立刻现场直播,但是,要我帮助春芽及时排解心里的烦恼,却不是我能立刻做到的。我是过来人,明白情关难破的理。不论外人说得多热闹,说得多理性,要拔除心里的刺,还得靠自己。所以,除了理解、体谅、温暖、鼓励春芽那颗受伤的心之外,我便是陪伴与等待。

于是,我给了春芽一本杂志——《青年文摘》(2009年第13期),并特意找出里面一篇名为《仰望》的文章,叫春芽读一读。这篇文章讲述的是一个暗恋的故事:一个男孩子,为了引起一个女孩子的注意,穿奇装异服,哗众取宠,闹堂、拉风,可是人家当他啥也不是。后来,他改变了,由全班最差的学生变成了语文成绩稳居全班第一的学生。曾经令他仰望的那个女孩最后开始仰望他了。

之后,我关注着春芽,发现她的脸色和缓了许多,课间也开始下座位与同学闲聊了。再后来,春芽交给我一个笔记本,里面有一封她写给我的信,内容如下:

老师:我现在好烦,不知道自己接下来该怎么办,好累。谁能告诉我现在该怎么办?星期六晚上跟他姐聊天,她告诉我,为他付出那么多不值得。她劝我放手,说只有放手才是对他好,也是对我好,但是我舍不得。不过除了放手,我还有什么办法呢?我跟她说,只要他跟我讲清楚,接下来,我该怎么办就怎么办。她说,他是不会跟我讲清楚的,因为他不想给我希望,因为他怕最后我伤得更深。我跟她说,他根本没把我的爱当一回事。她告诉我,他曾跟她说,我追他,缠得很紧,让他有些烦。她说,如果要问他是不是不把我的爱当一回事,他肯定会说没这回事。她问我是不是一直相信坚持就是胜利。我说,是。她告诉我,这句话在爱情里不一定行得通。最后,她还说,你不要看见一件很漂亮的衣服就一直想着去买,要去别的地方看一看。她不知道,我还是怕错过那一件漂亮的衣服。我真的舍不得,要是舍得的话,我现在就不会这么难受。不知该怎么办是好啊。

如果真的可以忘记,我宁可用一辈子的时间去学会忘记。如果人可以重生,我一定会做一个冷酷无情的人。

问世间情为何物?

为什么要为情所伤?

为什么要学会多愁善感？

　　到头来受伤的还是自己，既然知道会这样，为何还要选择"当初"？为什么来到这世上？为什么会为情所伤？为什么要多愁善感？为什么要让我学会痴情？

　　看了春芽的信，我的心里多了几分沉重。这个女孩子，用情太深了。我还记得曾经研读海南文化时，看到过这样一句话：文昌郎，定安娘。这句话的意思是，海南文昌的男子很风流，定安的女子很痴情。所以往往会演绎出痴情女子薄情汉的故事。随着时代的变迁，人的观念或许有了改变，但从春芽的身上，我还是能够感受到这句话所蕴含的深沉的文化。可是，孩子陷在感情的泥淖里，我要用大道理去说服她，让她立刻抽身，于我，说起来很容易；于她，做起来很难啊！但是，我就忍心看着一个孩子内心挣扎而不顾吗？不忍心！就目前春芽的状况来看，最合适的方式还是与她通信，说些什么呢？与其拿别人说话，还不如拿自己说话。于是，我把我的亲身经历写成文字发给了春芽。

　　春芽：看了你的不成章法的肺腑之语，这些天，我的心情很沉重。我理解你心里的苦和烦恼。老师也年少过，情窦初开时，也曾经陷进情感的泥淖而不能自拔。我不想站在高处说漂亮的话，那样的话是不起作用的。

　　在这里我想跟你说一个我亲历的故事，你看我是否也被别人伤得很深。人性的漏洞所发出的幽光偶尔会反射在我的心头，不是让我对曾经的伤害切齿，而是让我对曾经的伤害原谅。

　　我读小学五年级时，很喜欢班里的班长。在班上，他年龄最长，成绩又好，而且很帅气，很多女孩子心里都暗暗地喜欢着他。但是他与我走得最近，因为我的成绩跟他不相上下。真的，那个时候心里真的很喜欢他，那种喜欢至今回想起来都觉得是无比的纯洁和美好，没有任何杂念，喜欢就是喜欢。

　　小学毕业，我和他以同等分数考入初中（我们那个时候，小学毕业升初中就像现在升大学那般难）。读初中时，我们还是在一起玩耍、学习，彼此喜欢着。时间一天天过去了，我觉得自己简直就是世界上最幸福的人。可是，伤害终究还是来了。

因为走得很近，所以风言风语就起来了。面对风言风语，他害怕了，不但没有保护我的名誉，而且为了推脱责任，到处向别人散布谣言，说我是如何地对他死缠烂打，如何地主动追求他。更恶毒的是，他说，他根本就看不上我，是我一厢情愿单相思。他这样一说，把所有的脏水都泼在了我的身上，不用说，我名誉扫地了。那个时候，我恨啊！好恨！可是，恨有什么用呢？我总不至于找人去打他一顿吧，打了又怎么样呢？泼出去的脏水收得回来吗？

最后，我咬牙发狠地读书。我当时的想法是，我要出人头地，然后，站在高处俯视他，让他后悔一辈子！初中还没毕业，那个我曾经喜欢过又伤害过我的人，竟然辍学了。更可笑的是，一年后，他竟然结婚了（那个年代，在农村早婚很正常）。

后来我考上师范，生活境遇发生了变化，他，也渐渐地在我心里模糊了。再后来，我有了幸福的家庭，有了孩子。而他，几年前，我回老家时远远地看到了他，当时的情形简直让我惊骇！由于在农村过早地承担了各种家庭的负累，他老了，很老了。以前的那份帅气早已不见了踪影。而他，也看见我了，远远的，怯生生的，不敢招呼我，悄然转身离去。我看到他的背影没落、佝偻。我不知道他心里在想什么。不过，我心里一直在想：感谢他对我的伤害，否则，难以想象我的今天是什么样子。

我不知道我的亲身经历会给你带来什么样的启发，但我诚恳地告诉你：人生很短暂，所以，女人一定要活得"自私"一点。这话又从何说起呢？

我是长女，俗话说"长女如母"，所以，我要负责带我的弟弟。由于我弟弟小时候比较调皮，因此我对他也很蛮横。有时着急了，抓起身边的木棒就会给他两棍子。所以，我的堂嫂以一个预言家的身份高调宣布：今后，你会被老公打死！

这句话一直烙在我心里。等我该成婚论嫁的时候，我选择丈夫的第一个标准就是脾气要好，能够容忍我的急躁和任性，能够无怨无悔地依顺我、关心我、支持我。达不到这个标准的，任你再优秀、再潇洒都入不了我的法眼。为什么我把这一点看得这么重呢？因为恋爱是短暂的，它可以轰轰烈烈、回肠荡气；而婚姻是长久的，它必定平平淡淡、真真切切。如果自己的丈夫不能始终如一地对你，那么，他的长相、地位、才华又有什么用呢？如果自己的丈夫是一个冷漠而不懂得关心你的人，那么，一个人的付出又能坚持得了多久呢？

所以，爱一个人之前，一定要确定他是否爱你！如果他不爱你或者不能爱你，那么，无论你心里多么地依恋他，都要毅然决然地转身。而且，一定要优雅地转身。当你把身子转过来的时候，你的双眼一定会看到更美的风景！

人生是一个不停地学习的过程。这个过程也包括恋爱。所以，你完全可以放开心怀，就当你这一次的学习失败了，但是，也积累了经验，今后再次碰到令你动心的人，你就知道如何处理了。

还有，你的朋友把爱情比作一件漂亮的衣服，我觉得比得太恰当了。你说你怕错过那件漂亮的衣服。这种心理也没错。只是，我想问的是，当你千方百计把那件漂亮衣服搞到手时，它合不合身呢？一件不合身的衣服穿在身上，除了被人当作笑料之外，还有什么意义呢？

人生是很短暂的，尤其是女人的青春韶华，更容易消逝，所以，不要轻易地为别人付出自己的美丽青春！因为你的慷慨付出，未必会赢得别人的好感。你能做的，就是好好地守住自己的美丽青春，然后细心地浇灌它，呵护它。等有一天，你长成绰约丽人的时候，会有很多蜂蝶围着你转的。那个时候，你睁大眼睛，挑一个自己喜欢、他也喜欢你的人作为你的伴侣，共同经营一个幸福舒心的家，这该多好啊！

其实，任何事情都可以放下，只要你愿意！所以，真正能帮助你的还是你自己。老师只能站在一旁关心着你，为你高兴，为你着急。希望你早日走出心灵的泥淖！

老师

不知是我提供的那篇文章起了作用，还是我的那封信起了作用，或者是春芽已经想通了，或者是她在努力掩饰，总之，春芽的状态竟一天比一天好了。不管是哪一种状态，至少我看得出来春芽在努力地摆脱颓废的心情。这，难道不是我和春芽想要的吗？

4. 把开花的时间延迟

> 做老师的，要弯下腰倾听孩子的心声，同情孩子的遭遇，不能站着说话不腰痛！

还有两天就要期末考试了。孩子们虽说懒于学习，但毕竟只有最后几天了，所以刻苦的就更刻苦了，懒散的也紧张了，不学的也假装跟着搅和两下了。尤其是我那"乡间烤鱼"的诱惑，使得大部分孩子呈兴奋状态，因此，整个班级有一种昂扬向上的状态。

只是，那陷入早恋泥淖的春芽，仍没摆脱情感的纠缠，总是发愣、走神，眼睛里还时不时地看得见雾霭。早上升旗的时候，我拍拍春芽的肩膀说，一切都会过去的。春芽笑笑，然后跟我说，他为什么不跟我说清楚呢？我笑笑：这世间啊，很多事情都讲理，唯独男女情感不讲理，没感觉了就是没感觉了，找不到任何理由的，所以，不必去追根究底寻找"为什么"了。说着，人群密集了，我们不好再说。于是春芽告诉我，周末，她给我的 QQ 邮箱里发了一封邮件，请我看看，并帮她指点迷津。

吃过午饭，打开 QQ 邮箱，收到了春芽的信。

　　老师：我看了您给我写的信。刚才打算跟他好好说清楚，但是他又没有好好跟我讲。我觉得他在逃避，他有没有想过，逃避又能逃避多久？我都愿意出来把事情讲清楚，他凭什么不愿意？

　　他说我缠他，他很烦，他烦我就不烦吗？他叫我不要缠他，我想现在我也累了，是真的累了！他刚刚讲的那些话，根本就没有考虑我的感受。

　　算了吧！不要再折磨自己了，泪流了擦下就好！一切都可以无所谓！我跟他不在同一个世界，怎么会相爱呢？唉，这世上的事情从来多是不公平的。并不是你爱他，他就一定会爱你，并不是你付出多少爱，就能得到多少爱。人生从来就是不自由的，不是你想爱人，就能爱人。也不是你想爱谁，谁就一定会爱你。

下雨了，默默地坐在窗前，看着窗外的雨点，淅淅沥沥，总会有一丝淡淡的、说不出的对他的不舍和放不下，还有爱。

他若是"泥巴"，我愿意为了他变成"泥土"守候他。而他呢？我也不知道自己那是执著还是固执。总是对自己说，放下他吧！他不值得你那样做。但面对他时，我不知自己为什么会失去理智，会不由自主地去缠着他。我也知道，缠着他，他会对我越来越冷漠。不知道为什么，以前总觉得大声笑很虚伪，那不可能是我想要的。可现在我却好想好想大声笑，因为我相信笑总比哭好。他叫我忘了他，他以为忘记一个人很简单吗？要是可以忘，我早就忘了，会像现在这样吗？

也许是因为那朵白云，天空才蓝得美丽。虽然短暂，因为无意，却难以忘记，每次想起他，心还微微叹息。他是我生命中美丽的插曲，我该怎样去忘记他？

好多、好多伤心的回忆，回忆起来，总是觉得心好闷又好痛。曾经的快乐像昙花一现般转眼即逝，想用泪水把他经过时留下的痕迹冲刷干净，我不是不想接受，而是害怕面对。心好累，不知道该怎么办。我内心的痛又有谁读得懂呢？

面对他，我真的不知道该怎么办。

每次跟他争吵完，心都好痛，泪会瞬间流下。

流下的眼泪意味着什么？告诉自己我不会再为任何一个人轻易掉眼泪。我真的绝望，真的心碎，真的疲倦了。因为太多太多的时候，我都是在假装。虽然我总是装作无所谓，可是我真的不甘心。

唉！怎一个痴情了得！面对这样一个痴情女孩，一时半会儿真还劝不过来。不过，就算一时劝不过来，我也不能对孩子内心的痛苦视若无睹啊！孩子写信给我，实际上就是向我求救。这样的事情，她不敢跟父母说，也不好向同龄的朋友宣扬，所以只能闷在心里暗暗垂泪，悄悄滴血。就算我目前不能改变她的想法，但起码，我会温暖她的心，陪她一起去面对这段被抛弃的无望的感情。或许，这只是一点火星，但够了，只要能够温暖一个生命，我就一定要把这点火星送到孩子的心里去。

为了不扩大影响，不引起其他孩子的猜疑，我决定放弃面谈，针对春芽给我的信，再给春芽写信，就算这封信不能使春芽走出感情的泥淖，至少，可以让她抓住一根稻草歇息一下。我是女人，是过来人，我知道什么叫作无法代替，也明白什么叫作"剪不断理还乱"。做老师的，要弯下腰倾听孩子的心声，同情孩子的遭遇，不能站着说话不腰痛！

春芽：看了你的来信，很为你的痴情感动。你，像是一个古典美女，心里、眼里散发出来的都是纯真典雅的情愫。只可惜，我不能包办，否则，我就把你抢回家做我的儿媳了。

从你的来信中我搜索出五点信息，想与你探讨一下，如果你觉得老师说得在理，你就慢慢咀嚼；如果你不能接受老师的看法，你也可以左耳进右耳出。一切都由你自己拿主意了。

第一，尽管他对你不好，但你忘不了他。其实，从这里看得出，你在乎的是你自己的感受。因为是你忘不了他，所以，他要放弃你，你总是觉得愤愤难平，要求他出来跟你说个一清二楚，想要他给你一个"爱"或"不爱"的答案。傻孩子，男孩子一旦不愿意与你接触，不想和你多说，其实他心里就是不爱了呀。他是在用行动告诉你，而不是用嘴巴，这比嘴巴说出来的更真实。

第二，你说他根本不顾及你的感受。这足以证明他不喜欢你或者说不爱你了。爱着的男女双方，会千方百计地呵护着对方的心。因为恋爱中的男女，心是玻璃做的，容易脆裂，所以，必然会用心呵护。一旦对方不顾及你的感受了，那么，他就把你当外人了，甚至连普通朋友都不是了。既然他不顾及你的感受，你就该从那种感受中走出来。这个世界大得很，优秀的男孩还多得很。海南找不到，还有其他几十个省份呢。传说上天造人，是一分为二的，每个人都有另外一半，要不停地寻找，直到找到自己的那一半才会获得幸福。你的那个他不喜欢你了，这就说明他不是你的那一半，你的那一半在哪里呢？这还需要你今后慢慢寻觅。所以，你应该庆幸，他不是你的那一半。他不属于你，你强要着，就要付出痛苦一生的代价。

第三，理论上你明白男女相爱要两厢情愿。可是理智上你做不到，你沉迷在感性的认识里，你只是觉得自己喜欢他，放不下他，所以，便要缠着他。其实，你这不是对感情的维护，这是对感情的亵渎呀。一个男孩不喜欢你了，你勉强他，便是对爱情的亵渎。所以，你要执意这样下去，就不叫痴情了，而是叫死缠烂打。人要活得有尊严，感情是不能靠施舍的，感情是要两情相悦的。所以，勇敢地放弃他！真正放下之后你才会得到重生。

　　第四，爱不是单方面的付出。你说，他若是"泥巴"，你也愿意为了他变成"泥土"守候他。亲情，或许可以单方面地付出，可是爱情，绝对不可以单方面地付出。它必须是双向的付出，这样的爱才会牢固，才会持久。爱，只要存在单方面的付出，那么，双方就不是平等的。你想想，男女之间如果不平等了，那还有什么情分可言呢？

　　第五，因为这段情，你很累很伤心。这一点我非常理解，我也非常讨厌那个男生，这么好的一个女孩子他竟然不懂得珍惜。可是，天下就有这么一些睁眼瞎的男孩，我们能把他们怎么样呢？其实，我觉得你应该高兴才对，为啥呢？你还是一个孩子，就已经明白了一个成年人才明白的理：人生从来就是不自由的，不是你想爱人，就能爱人。也不是你想爱谁，谁就一定会爱你。你看看，这就是你从这件事中悟出的哲理，多高深精妙啊！这可是许多人要用一生才能悟出的道理哦，你小小年纪便懂得了这个理，这对你今后的婚姻和生活也是有帮助的。所以，总的来讲，这件事，你没有输，你有很多收获，只是目前，你需要一些时间来过渡，来疗伤。相信我，一切都会好起来的。我也相信你，快乐一定会重新回到你脸上的。

　　最后送你一句话：把开花的时间延迟！开得越迟的花，就会开得越艳丽，越硕大！

老师

　　马上就要期末考试了，希望春芽能够静下心来应对这一切。同学开解不了她，父母也帮不了她，我能做的，就是靠近她，温暖她，理解她，陪伴她，而最终走出这个泥淖，还得靠春芽自己。但愿这段痛苦的心路历程能缩短一点，让春芽早日摆脱，毕竟，她还只是一个13岁的孩子啊！

第五辑 | 那些摇曳生姿的花儿啊

和一群女生闲聊，正说得高兴，一个女孩突兀地发问，老师，你嫉妒我们比你年轻吗？我灿笑若花，说，我不嫉妒，我感激。其他女生一脸疑惑，问，为什么？我说，我老了，一天天地如落英飘零，但伴随我左右的却是一群摇曳生姿的花儿啊！

1. 我为女生撑腰

> 很多老师都很注重防止学校的暴力事件发生，但是却特别容易忽略学校里还存在着另外一种可怕的暴力，那就是女生之间，或者男女生之间的软暴力。

虽说女生是我的贴心小棉袄，但毕竟是进入青春期的女孩了，心思又多又密，所以，我也不敢掉以轻心，时常暗暗地观察着她们的一举一动，生怕她们开花太早，引来不怀好意的蜂蝶，搅乱她们那一池春水。

可是，自古以来，最难防的不是偷钱盗物的贼，而是那偷心的贼。尽管我与女生走得很近，常常在课间与她们聊天，但我还是不能阻止偷心贼来骚扰她们那颗跃跃欲动的心。我最爱跟她们开的玩笑是：花开得越早，那花就越小越丑，由此及彼，那些早早就忙着把心交给别人的漂亮女孩，找到的往往都是一些"虾兵蟹将"，唯独那些不慌不忙、专注自身的女孩，最后钓到了"金龟婿"！女孩们听了就哈哈笑，笑了之后就问，老师，为什么呢？我就会装模作样、煞有介事地说，据社会学家研究，当那些漂亮女孩忙着找男朋友的时候，优秀的男孩正在埋头读书，只有那些品行不好、习惯不好或者成绩不好的男孩子在睁着眼睛，流着口水，像个猎狗一样到处嗅，正好，一朵鲜花出现在他面前，你们说，他不拼了命地摘吗？女孩们又是一阵大笑，随即，就有那读书读得多一些的女孩补充说，自古红颜多薄命啊！我呵呵一笑，附和道，是啊，红颜之所以薄命，是因为她们太艳，往往遇到了不安好心的人，所以，在不该艳丽的时候，把自己变得暗淡一点也不是坏事，而且可以保护自己。女孩们还不知道含蓄，挺认真地说，对啊，现在我们可不要早恋哦，把自己稳住，今后好钓"金龟婿"啊！于是女孩们一阵嬉笑，接着一阵快乐地追逐。看着这群纯真可爱的女孩，我心里对她们真是爱到了极点。

可是，夭夭还是没有稳住。

上一周我找她谈话，措辞很委婉，自始至终都没捅破她和男生"交往过密"的那层窗户纸，以夭夭的冰雪聪明，她绝对能听懂我的话。但是，她没听进去，并没有立即停止开花，而是越开越艳，最终遭到羞辱，几近崩溃。

　　中午的时候，我到宿舍去，看见夭夭蒙着被子在小声地哭泣，她对面的雨菲则黑着一张脸，斜躺在床上，被子也没盖。问丽兰，丽兰告诉我说她们在冷战。女孩之间的冷战如果没有外力帮助协调，就会具有持久性。于是我把雨菲叫到室外询问，雨菲沉默了好一会儿，最后很不肯定地告诉我说，她也不知道是什么原因，就是放学排队时，夭夭说要到前面去排队，她只说了一句，你去啊，夭夭就突然生气了。正说着，夭夭哭着出来了，说，老师，这事与她无关，是我自己的原因。

　　我叫雨菲回了宿舍，留下夭夭。夭夭一坐下，眼泪就吧嗒吧嗒地掉了下来。我没立即问她原因，而是拍着她的背，帮她梳理着凌乱的头发，说，心里很难受，是吧？夭夭点点头，眼泪不能自已地流下来，但又竭力想忍住，以致嘴巴都歪了。我就拍着她，不说话。过了一会儿，夭夭开口了：就是今天上午第三节课间，尤玖骂我，还特别难听，真是太欺负人了。还有，刘越造我的谣。听到这种话，我是又惊异又气愤，因为我在班上下了死命令，男生在女生面前要温文尔雅，不可粗话、俗话、丑话连篇，否则，我决不客气。一直以来，男生与女生也的确相安无事，这次，尤玖和刘越竟然说出如此难听的话，真是让人火冒三丈！

　　于是，我安慰着夭夭，竭力站在她的立场顺着她说话，夭夭的情绪慢慢平静下来，然后对我说，老师，我们到楼下坐坐好吗？虽然外面风大，很冷，但我还是答应了夭夭，与她一起下了楼。

　　我知道夭夭的心思，她和她的母亲沟通很困难，父亲忙于生意也很忽略她，弟弟妹妹与她关系又不和，所以，她的那个家在她心里犹如一个冰窟，她一直都在想方设法地逃避。这样一个家庭感情严重缺位的女孩，极易寻找其他情感来补缺。但她的本质不坏，自尊心也很强，并且很叛逆，如果老师说得太重，说得太明显，她一定会逆着干。对夭夭，我一直是小事顺从，大事理解，原则坚持，所以，夭夭对我还算信任，很多知心话都会和我说。她告诉我她和李某在用纸条进行交流，纸条则由班上的刘同学、陈同学在帮着传递，纸条里的文字的确弥漫着彼此喜欢的气息。

说实话，夭夭喜欢的李某，只是一个瘦骨伶仃的小不点儿，怎么看，都是一个小儿童。所以，我敢断定，夭夭所说的喜欢，仅仅是因为缺乏家庭温暖，想要找一个能听她倾诉的对象而已，而李某，恰恰又愿意倾听，并且还不断地给夭夭写信回应。这哪里是男女之间的爱？这只是小孩之间的好感而已。

但是，如果我不站出来制止男生的胡说，今后夭夭的处境将会格外艰难。她首先会被弄得名誉扫地，然后就会自暴自弃。教育是需要权衡的，保护夭夭的名誉比什么都重要。我宁愿去扮演一个巫婆把那些造谣的学生臭骂一顿，也不愿为了保持我的温柔面孔而对这件事不闻不问。

下午体育课时，下着大雨，孩子们没法出去活动，只能待在教室里自修。我觉得时机来了，调整好表情，装出一副怒不可遏的样子，走进教室，用既沉痛又愤怒的语气说道，我今天要郑重地说一件事，为了给某些人面子，我暂时不点名，但我会私下找他的。我早就下了死命令，男生在女生面前要温文尔雅，不可粗话、俗话、丑话连篇，可我们班上竟然有个别男生用最恶毒的语言侮辱自己班上的女生，甚至还造谣。我告诉某些人，你们的行为如果要追究，完全可以构成诽谤罪了！某些人今后如若不闭嘴，那么，我就让这个女孩的家长出面，一纸诉状，让你做第一被告，让你的父母做第二被告！话说回来，就算这个女生与男生传递了纸条，那也是该我去做这位女生的思想工作，关某些人什么事？退一步来说，就算她早恋了，她也不该受到人格上的侮辱。每个人的生命都是一口井，没有揭开别人生命的井盖，你怎么知道里面的水是深是浅，是清凉还是浑浊呢？我想，当你没有走进别人的内心，不知道内情，没有打开别人的生命之井时，你是无权发表任何言论的……我虽然说得文绉绉的，但语气特别重，表情也特别严厉，所以，下面的孩子吓得一动也不敢动。

怒气冲冲地说完了，我仍然黑着一张脸，气呼呼的。我一直是不发火的，上学期，陈伦那样恶毒地骂我，我都没生过气、发过火，这一次，我实在是气愤难平，所以火气特别大。但是，这次火发了之后，班上没有任何声音，几个骂人的孩子难堪地低着头，没骂人的孩子则一脸气愤地在用目光搜寻着骂人者。

下课后，尤玖找到我，哀求道，老师，我知道自己错啦，我今后再也不骂人了，明天的家长会上，你千万别给我爸说哦。我似笑非笑、爱理不理地说，那要看我的心情。尤玖很无趣，灰溜溜地走了。

很多老师都很注重防止学校的暴力事件发生，但是却特别容易忽略学校里还存在着另外一种可怕的暴力，那就是女生之间，或者男女生之间的软暴力。它表现出来就是辱骂、孤立、造谣、冷落等。而且这些暴力出现后，孩子们往往不会说，多半都会选择隐忍，但这些暴力对他们内心的伤害却是很大的，有些影响甚至是终生的。所以，作为班主任，一定要坚定地为那些受到人格伤害的孩子，尤其是女孩子撑腰！

2. 这一巴掌打得好

> 暴力只存在于人的意识里，只有激活了它，它才可能爆发出来。

下午，我在办公室备课。

刘喜旺气喘吁吁地跑来说，老师，发生了点儿事。

待刘喜旺气定之后，我慢条斯理地问，什么事？

刘喜旺说，田心骂人，弓弓打人。

我不大相信地问，弓弓打人？

刘喜旺点点头，"嗯"了一声，强调道，千真万确。

我点点头，说，我知道了，你先去上课，下课时叫田心到办公室找我。

田心骂人，谁都相信。可弓弓打人，我还真有点不相信。为啥呢？

尽管弓弓自称骨子里叛逆得要命，但事实上从她做事说话的情形都能看出她是一个不温不火的女孩。教她快一年了，我还没见她发过一次火呢。不论是谁在她面前说话，说得好听，她笑笑，说得不好听，她也安安静静地听着。怎么看，都能看出一副温婉女子的韵味。如果说这样的女孩子也会打人，要么是因为有人把她给彻底惹恼了，要么是因为她心里积累了什么痛苦的事情需要发泄。不过，据我所知，弓弓绝不属于后者。首先，弓弓的文章一直被我赏识，她心里很美；其次，语文课代表一职让她走上讲台的机会很多，她正踌躇满志；再次，她作词的班歌已经谱曲并且被制成 MP3 与大家见面了，她心里正高兴呢。因此，她没有必要去找一个男生来发泄心中的痛苦。

那么，一定是田心"死性不改"跳脚骂人了？先不忙着定性，把他找来问清缘由，再具体分析，才是一个具有专业意识的班主任的做法。

田心来了，很不服气的样子。

我说，田心，弓弓打你了？

田心理直气壮地说，她打我了，但我没打她。

我笑着说，很好，这就是绅士风度。

田心竟然挠挠头，有点不好意思了。

我说，弓弓为何打你，总得有原因吧？

田心以为我会为他做主，声音一下子大了，舞着手臂，绘声绘色地说，我在画画咯，没画完，弓弓要看，我不给，她硬要看，我才骂她的，她就打我，但是我没打她。我笑着说，你是没打她，你要是打了她，今天一到我这里，我不问青红皂白就给你一巴掌了。

田心很善于察言观色，见我不但没责骂他，反而喜笑颜开，竟然有点自得起来，进而委屈地说，她拿书打我。

我转换话题，问，你是怎么骂她的呢？你能骂给我听听吗？

田心的声气顿时小了，嗫嚅道，我骂她，我骂她，垃圾。

哦，你被垃圾包围了，真幸运啊！我幽默道。田心虽然顽劣，但毕竟聪明，听出了我话里的责备，气焰顿失。我没再说什么，只是叫他回教室上课。一件事情，两个当事人，一群围观者，我只听田心的一面之词，对谁都不公平。

课间，我去了教室，在田心周边一问。孩子们杂然相陈，口头表达的同时还伴随着肢体语言，很快，就给我描绘出了一幅栩栩如生的画面：

美术课下课时，大家的画都没画完。坐在田心前面的弓弓起身走到田心旁边，说，我看看你的画。田心挥着手说，不给你看，不给你看。弓弓厚着脸皮笑嘻嘻地说，我要看，我要看。田心顿时来气了，指着弓弓的鼻子厉声骂道，垃圾！不给你看！弓弓没料到田心会骂她垃圾，一个女孩子，哪里吃得消这样的谩骂？顺手就给了田心一巴掌。田心吃了一巴掌，火气更大了，站起来，右手拿着直尺，舞动着，咬牙切齿地挑衅着，你来啊，你来啊。田心的叫嚣让弓弓非常难堪，弓弓一转身，就坐在座位上哭了起来。

听完孩子们的叙述，我心里有了谱。看来田心的纨绔气与痞子气都没有消失。今天，虽然他挨了一巴掌，好像是他吃亏了，但事实上都是他自个找的！他这种肇事心态如果不加调整，今后不定还要挨多少打呢。有些孩子，不是说理可以说得明白的，要让他吃亏他才会明白。

我满脸严肃，对着田心说，你骂弓弓是垃圾，那么你自己呢？孩子们立即接口道，他也是垃圾！我笑着说，很好，大家都明白这个理，你看别人是垃圾，别人看你也是垃圾，按照物理学的理论，今天弓弓打了你，你也打了她，扯平了。只是，我要补充的是，弓弓这一巴掌，打得好！换作我，别人在大庭广众之下骂我垃圾，我还要打两巴掌呢。

孩子们听我这样一说，纷纷笑了起来，然后扭头看田心。田心呢，很难堪，死死地低着头。

或许有人会认为我这是在提倡暴力。但我想，暴力是提倡不起来的，暴力只存在于人的意识里，只有激活了它，它才可能爆发出来。比如，弓弓，从不打人的女孩，也被田心激得动了手。我之所以要这样做，首先，就是要告诉男生，每个人都讨厌骂人的孩子，还有就是挨了打不一定占理。其次，我要告诉女生，我是她们坚强的后盾，我决不会眼睁睁地看着她们受欺负。这样一来，女生的心就更贴近我了，这对我的班级管理只有好处，决无害处。至于这样做会不会让女生更加跋扈呢？我以为是不会的，因为我随时都在教育女生要做一个温文尔雅的人，做一个自尊自强的人。因为一个温文尔雅的人才懂得谦让，一个自尊自强的人才懂得不屈服于恶势力。

3. 传女不传男

> 我神秘地说，做我的女生，岂能让男生欺负？我今天可是把秘诀都传授给你们了啊，可要好好记住，好好运用哦，我可是传女不传男的。

蕊蕊找我换座位已经好几次了，但我都推诿着。不是我不愿意，而是我实在很想看看蕊蕊这姑娘究竟有多大的忍耐力，她的容忍度究竟有多大，她的处事能力究竟有多强，她是否有包容心……我为何这么想知道蕊蕊的内涵呢？因为只要你看一眼蕊蕊，就知道她应该是一个大家闺秀。既然她有这个内在质地，我为什么不促成她呢？

她的同桌是苏光。说起这个苏光啊，真的是又好气又好笑。他的长相如绅士，行为却很淘气。他很活泼，喜欢招惹别人，可往往又不能如愿，几乎每次都被别人弄得火冒三丈，然后就是吼叫、发脾气、告状。蕊蕊坐在他旁边，就是他经常欺负的对象。你说他是故意欺负吧，又不是那么回事，你要说他心里没有一点点故意成分，那又错了。总的来说，他是经常起哄、恶作剧，弄得男生群起而攻之，女生群起而厌之。你要说这孩子家庭教育不好吧，还真冤枉了他的父母。他的父母都是高级知识分子，很重视孩子的教育，虽然是个儿子，但并不溺爱。

今天早晨，苏光不知在哪里弄到了一只打屁虫，装在瓶子里，不断地在蕊蕊面前晃。蕊蕊这娇滴滴的女孩，哪里见过这些东西啊，吓得赶紧向我跑来，说苏光用虫子吓她，要换座位。我安抚说，马上考试了，又没在一起，下午给你换吧。蕊蕊善解人意，不再说什么，又回到座位上拿起笔。刚走到座位旁，又吓得跑了回来，说，苏光用虫子吓她。我从小生长于农村，看惯了虫子，哪里怕它，还记得曾经把虫子拿来烧了吃，蛮香的呢。于是就说，别怕，那些虫子伤不到你，再说了，苏光那是故意逗你生气的，他这个年龄啊，就喜欢逗女孩生气，一旦看见你生气了，他就很开心，你高傲一点，学学猪八戒，把耳朵给卷起来，不听，把眼睛闭上，不看。我一边说，一边笑着示范。我那滑稽的动作把一旁的蕾儿和弓弓都逗笑了。可是，蕊蕊却倒在蕾儿肩膀上委屈地哭起来了，然后，冲出了教室，蕾儿、弓弓也体贴地跟了出去。

看着蕊蕊跑出教室，我才觉得，我这番话说得不妥当，蕊蕊生活的背景毕竟跟我不一样，也跟班上其他孩子不一样，她怕所有的虫子，这很正常，她一再地被苏光逗得气恼了，又不知如何面对，心里正委屈得要命，我不但不及时安慰她，反而在这个时候开玩笑。天哪，我这人，怎么乐观得没了脑子呢？

蕊蕊跑了，我反思了，可苏光呢，根本没引起半点涟漪，他正在与刘喜旺用透明胶把打屁虫粘在纸板上，玩得不亦乐乎呢。

我想了想，要生苏光的气，真的划不来。

男孩子嘛，玩玩虫子，再正常不过了；逗逗女孩子，也是再正常不过了。过了这个年龄，你叫他做这些他还不干呢。

只是，我该怎样来劝导我的那些娇滴滴的女孩呢？我该怎样来抚慰蕊蕊那颗受伤的心呢？

我是这么做的——首先，安抚蕊蕊，稳住她的情绪，正常考试。然后，利用午休与女生谈谈男生：

首先，告诉所有女孩子，进了初一，男孩和女孩的生理、心理发育不再同步，男孩子的心理发育一般比女生滞后。所以，当女孩已经略懂人事时，男生还懵懂无知。因此，他们这时候就特别地喜欢寻开心，尤其是逗得女生生气发怒时，他们最开心。

第二，男孩本来就比女生好动，想要他们成为乖乖男，那不是要灭了他们吗？既然天性如此，为何不顺乎其天性呢？

第三，矜持一点！在男生面前，女孩越是出格发嗲，越是容易遭到男生的捉弄。相反，稳重大气的女孩，反而会赢得调皮的男生的敬重。

第四，别太在意男生的捉弄，当你不在乎时，他还能拿你怎么样呢？一个无坚不摧的人，就是要看得开。把得失、荣辱看开了，别人还能拿你怎么样？

最后，偶尔也要学会左耳进，右耳出；睁一只眼，闭一只眼。

说完上述几条，我又神秘地说，做我的女生，岂能让男生欺负？我今天可是把秘诀都传授给你们了啊，可要好好记住，好好运用哦，我可是传女不传男的。女孩子们个个笑颜如花，纷纷领会，点头称道。我呢，心里暗自得意，毕竟我是要把这些女孩紧紧团结在我的周围，今后，等男生心里不再排斥女生的时候，我还要让她们出面给我做工作呢。

至于那些调皮的男生，把他们的行为表现与我的班规一一比照就行了，犯了哪一条，我可是要惩罚的。虽然现在还没出台惩罚条例，但我们可以先挂账。呵呵，等到秋后再算账，看他们如何蹦跶。

4. 每朵花都有绽放的理由

> 一个班级，如果女生产生了严重的分化，接着，男生就会产生分裂。

每天上班下班，从一簇簇的花儿中走过，我并没有熟视无睹，相反，再忙，我也会驻足看看。于是，便会看到各色各形的花儿开放的姿态不一样，但它们都在努力地开放，我想，它们之所以专心地绽放着自己的美丽与芬芳，是因为它们都有各自开放的理由吧！

于是，看着班上的孩子，不论他们以一种怎样的生命姿态展现在我的眼前，我想，他们都有其展现的理由吧。

蕊蕊，我给她的定位是温文尔雅的大家闺秀；靳灵儿，我给她的定位是卓有思想的才女；蕾儿，我给她的定位是善解人意的小天使。可是，最近，温文尔雅的大家闺秀变得尖锐，卓有思想的才女变得傲慢，善解人意的小天使变得冷淡。这，究竟为何？

中午，看到三个女孩子在教学楼大厅漫步，于是招手。三个女孩子看见我，惊喜地喊道，老师。我笑吟吟地漫步过去。

刚走近，蕊蕊就抚着我的肩膀撒娇地说，老师，看我的脖子，落枕了，弯都弯不得。我笑着说，我儿子也落过枕，实在是痛了几天才好，你可要受苦了。蕊蕊反而安慰我说，没事，我还受得了。说罢，眯着眼睛，撅着嘴巴，把头一扬，一副天塌下来也不怕的架势。

我们都被蕊蕊故作老成的天真逗笑了。笑毕，我略显忧虑地说，我怎么觉得你们女生不对劲啊？我感觉你们分成了两派，是怎么回事？我一直都说，女生是我最贴心的小棉袄，我要带好这个班，没女生的帮忙，我寸步难行！

蕾儿马上接着我的话头说，是啊，好像她们很敌视我们呢。我笑着纠正，不要用"敌视"这个词语，你们是同学，不是敌人，这里面肯定有误会。

蕊蕊接着说，她们的行为我们看不惯。

其实，我明白两拨女生的心理。这三位女生可谓班上的"精英"，不论是其父母，还是自身，素质都相对较高；而另外几个女生，在成绩上要稍逊一筹，尤其是雨菲与夭夭，在学习上总是找不到成功感。在应试教育大行其道的今天，成绩差的孩子往往很自卑，因为自卑，所以她们对优秀的孩子也容易产生抵触情绪。精英毕竟是少数，如果精英太过傲慢，经常高高在上地教训别人，那么那种俯视众生的心态就会把精英们孤立起来。因此，我必须告诉这三个女孩，弯下腰，坐下来，看着对方，真诚地走进对方的内心世界，那么，就会看到一颗真实且真诚的心。

蕾儿最善解人意，于是，我首先抓住她，说，你最会换位思考了，你想想，一瓶名酒与一瓶浊酒，哪个更容易被赞美？蕾儿笑着说，当然是名酒了。对了，名酒本身已有名，不论放在哪个角落，都是名酒；可浊酒就不一样了，就是摆在最显眼的位置，如果我们不赞美它，别人也不知道它。你们三位，每个人都知道你们优秀，表扬不表扬都优秀。可是她们呢，没人知道她们，如果我们不助她们找到成功，让她们永远成为失败者，那个时候她们才会真正地敌视你们，我分析道。三个女孩子都是透明的水晶心，个个冰雪聪明，一下子就听懂了我的话，纷纷赞同我的观点。

接着，我对靳灵儿说，我知道你的理想，不论今后到哪里读大学，最后都会回到海南来发展动漫业。那么，我也要告诉你，发展动漫业没有深厚的人脉是不行的，别小看这些成绩差的同学，她们今后就是你事业的支持者，她们如果成了你的死党，又会把她们的朋友变成你的朋友，那么，你的朋友就会越来越多。只要人脉足够深厚，再加上你的才气，要想不成功都难！阳春白雪也需要下里巴人的衬托啊！靳灵儿听后，稍作沉思，点了点头。

蕊蕊看我跟两个女孩都说话了，急着问，那我呢？我笑着拍拍她的肩膀，说，做一个大家闺秀，必须温婉体谅，任性尖锐可不是大家闺秀，那是刁蛮公主，没人喜欢的。不论别人是怎样的一种生命姿态，都有他存在的理由，不能因自己看不惯就由着自己的性子进行贬低，这是最容易把自己孤立起来的做法。你想想啊，你要是把你的朋友都变成了你的对立面，你这个大家闺秀做起来还有什么用呢？没人捧你的场嘛。蕊蕊不愧兰心蕙质，马上就领会了我的意思，说，其实，我今天上午就改变了对丽兰的态度，我不是落枕了吗？我问春芽怎么办，丽兰马上就接着说，你不要去管它啦。对啊，不是自己的同学，会忍着你对她的尖锐讽刺而告诫你不要去管吗？我趁热打铁。

　　我看三个女孩都被触动了，就说，其实我早就感觉出来你们分成了两派，我也找她们谈了，她们对你们并没有蕾儿所说的敌视，主要是她们有点自卑，而你们又爱在寝室里说日语，所以搭不上腔。再加上你们平时说话比较随意，不顾及她们的感受，所以她们很受伤。见三个女孩疑惑地望着我，我笑着说，这就是所谓的"说者无心，听者有意"，尤其是成绩差一些的孩子，更容易起疑心，因此说话要注意分寸。就算她们的表现不佳，言谈不美，但积习已久，要她们立即改掉是不行的，所以我们必须把她们变成我们的朋友，到时我们说的话她们才能接受，也才能去影响她们，使得她们慢慢地变得优秀。总之一句话，请你们记住：每一朵花都有开放的理由。

　　三个女孩本来就优秀，与我又很贴心，所以我的话轻松地就吹进了她们的心里。然后跟我说，午休时就去与她们交流，一定放低调子，保证关系融洽。我笑着说，对你们，我从来就没失去过信心。

　　下午课间，我就看到她们亲热地在交谈了。蕊蕊还跟我说，她要帮夭夭写家长会的主持稿，并且教她如何做，一定让她体验一次成功的感觉。

　　虽然学生存在着个体差异，但那也只是性格、学习能力、思维模式等方面的，这并不妨碍孩子们的友好交往。一个班级，如果女生产生了严重的分化，接着，男生就会产生分裂。而一旦男女生各自为政，班级就没了凝聚力。一个没有凝聚力的班级注定是要失败的。所以，班主任要及时发现女生之间的分歧，及时进行沟通调整，这对于一个班级的稳定是极为重要的。

5. 越是开得艳丽的花越要小心保护

> 在培养优秀的孩子的同时，千万不可忽视对平凡的孩子的培养，因为只有平凡的孩子进步了，体验到了成功，他们才会放下嫉妒的武器，心平气和地与老师一道来认可优秀的孩子。

靳灵儿是大家公认的才女，又是班上的宣传委员，所以，教室后面那块黑板便是她的地盘了。可是，昨天下午第一节课前，当她与蕊蕊、蕾儿兴高采烈地跑进教室时，属于她的那块地盘竟然易主了。瞬间，迷惑、不解、郁闷，在三个女孩的脸上写满了。我知道，她们受伤了，尤其是靳灵儿，自己经营了快一年的黑板，竟然不知不觉地被别人占领了，心里那份委屈不言而喻。

我装作没看到她们的表情，一脸欣赏地看着后面的黑板。只完成了左边一半，但已经可以看出独特的创意了。

刊头是"最后的冲刺"。左上方写着阿拉伯数字 25，旁边写着"齐心协力"，"齐心协力"下面则是一个由三排 25 个小人儿构成的椭圆。谁都知道，这是告诉大家我们班有 25 个同学，大家团结在一起努力，争取期末考试考出好成绩。因为在左下方写着：2008—2009 学年度第二学期　距离期末考试还有 22 天。左下角则画着漂亮的花朵，花朵里的花蕊看上去分明是"奋进"二字。虽然只完成了一部分，但看得出，这期黑板报很切合目前的备考状态，而且创意里的集体观念、合作意识都非常浓厚。那么，这期黑板报究竟被谁抢了头功呢？说来话就长了。

班上女孩虽然不错，但最出色的却只有靳灵川、蕊蕊、蕾儿三个。这三个女孩子不仅学习主动努力，而且由于家庭教育非常到位，所以她们的个人素质都比较高。她们在备受老师赞赏的同时，也为自己招来了嫉妒。

有一次，一个女孩酸味十足地说，要是由我们来办黑板报，说不定比靳灵儿她们办得还好呢！这话直指靳灵儿，暗指蕊蕊和蕾儿，但也不算无理。于是我笑着说，很好啊，先不说风凉话，把黑板报办出来大家评评再说。话说过了也就算了，不曾想，昨天上午放学时，弓弓竟然拿着一张请假条请我批示，说她和春芽、雨菲、夭夭、丽兰要在教室里办黑板报。我拿着假条，不假思索，提笔就批。因为我秉承这样的观点：每一朵花都有开放的理由！

可是，三个备受老师欣赏的女孩子，突然发现自己的地盘被别人抢了，心里的那份失落可想而知，而且她们心里一定在进行各种猜测。昨天，我一直都没就黑板报的事情发言，我想等她们先自个儿琢磨琢磨。因为我也想告诉她们一个理——很多事情，不仅她们做得好，别人也做得好！所以，不管取得多大的成就，都没有骄傲的理由，更没有小视别人的理由。

今天，看到三个女孩子还是闷闷不乐的，我想，我得告诉她们答案了。但我没有直说，而是给她们讲了一个故事：

有一次，我到一个苗圃看花。可是，等我走到苗圃时，却不见一朵怒放的花朵。只见一个花农在侍弄着十多盆大小不一、参差不齐的含苞待放的盆栽植物。我扫兴地说，白来了，花都还没开，没得看了。说完，转身想走。花农不紧不慢笑呵呵地说，怎么没花呢？有！我把花藏着呢。我不解，说，花儿就是要摆出来给别人看的，为什么要藏着呢？花农解释道，花儿是要给别人看，关键是我这里的花只开了三盆，其余的都没开，我要是把她们摆出来，她们必然会遭到别人的摧折，只有所有的花儿都开放了，最大最艳的花朵才能在群花的衬托下显得更美丽，同时也更安全。如果群花没开，开得最早最艳的花则要给懂花惜花的人看，没有真正的赏花人，我就要把花好好地藏着、呵护着。于是我明白了，花农把开得最美的花藏了起来，目的是让那些最美的花免受摧折。同时，辛勤地侍弄着未开放的花朵，目的是让这些花朵及时开放，以便让最艳丽的花朵在群花的衬托下更艳丽，并且更安全。

这个故事给我的启示就是：只有所有的花儿都开放了，那些最美最艳的花朵才能保全。还有，越是开得艳丽的花儿越要小心保护。

听了我的故事，三个女孩子变得满脸明媚了。蕊蕊还对我说，老师，你对我们真是费了不少心思，听了你的故事，我们都把你读懂了。谢谢你，老师。听到蕊蕊充满理解、体贴、谢意的话，我倍感欣慰。

作为教育者，若一味地在资质平庸、表现平平的孩子面前表扬禀赋优异、学习优秀的孩子，无疑是把优秀的孩子置于风口浪尖的危险境地。而且还会在无意之中助长平凡的孩子对优秀的孩子的敌视心理。

因此，对于优秀的孩子，欣赏自然少不了，但要实事求是地欣赏，并且尽可能地私下欣赏。在培养优秀的孩子的同时，千万不可忽视对平凡的孩子的培养，因为只有平凡的孩子进步了，体验到了成功，他们才会放下嫉妒的武器，心平气和地与老师一道来认可优秀的孩子。

6. 班里来了个小燕子

> 做孩子的朋友，与孩子建立亲密的关系，比任何教育都管用。

初见雨薇，我很不喜欢她，因为她的随便，因为她的无所谓，更因为她的自以为是。所以，我把她定位为来者不善的那类孩子。后来，通过与雨薇妈妈的交流得知，我的眼光是极其准确的——雨薇的确不是善类。据雨薇妈妈说，雨薇在三亚玩得很野，野得不学无术，野得目无尊长，野得滥交朋友，野得让人不知所以；遇爹吵爹，遇娘骂娘。爹娘实在没办法了，狠心把她送到快乐成长大本营。在快乐成长大本营生活了半年的雨薇回家后，吵爹骂娘的事情没了，但是，骨子里那份原始的野性始终存在。于是，她的父母为了断绝她以前的交际圈子，特意把她从三亚转到海口的景山，就因为我们学校是一所管理非常严格的封闭式学校。

知道了雨薇的老底，也知道了雨薇的一段特殊经历。我故意晾着雨薇，但雨薇是何许人也？她可是个见面熟。于是，没几天，她就和班上的男男女女混得极其熟悉了。当然，她可不会因为我晾着她就靠一边去。正所谓"山不过来，我就过去"，她可是充分领悟到了这个哲理，于是，主动向我靠近。比如，向我撒娇，然后提一些非分的要求；或者拍着我的肩膀，像交往多年的闺蜜似的将嘴伏到我的耳朵旁把秘密透露给我；或者热情地请我吃她的零食，那份热情就像海南的炎阳一样足以把我烤化。不论雨薇怎样做，我都表现出一个班主任必要的亲切和矜持。

雨薇留着碎发，长长的刘海使一双眼睛时而被遮蔽，时而露出。我知道，要女孩子剪掉心爱的头发很难，可是，眼睛不露出来，实在给人一种不舒服的感觉。要怎样才能让雨薇把一双眼睛亮出来呢？我把班上每个孩子的眼睛都做了一番比较，竟然发现了一个秘密，那就是雨薇的眉毛是全班最漂亮的。一双粗而浓的弯弓眉，骄傲地上扬着，有一种让人爱极了的古典与野性交融的美！美眉下面清澈的眸子里，总是闪耀着野性与纯真相结合的光芒。于是，在晨会结束时，我情不自禁地赞美道，雨薇，你的眉毛真漂亮！眼睛也特别好看！雨薇有几分惊喜，问道，老师，真的吗？我点点头，然后用极为肯定的语气回答道：千真万确！绝无虚言！雨薇高兴得跳起来，嘴巴里叫着"耶"的同时，竟然没有忘记搭配一个胜利的手势。周一的时候，我看见雨薇前额的头发短了些，一双漂亮的眉毛和眼睛露了出来。而且，这几天我悄悄观察到，她始终在有意无意地把前额的头发往后拨弄。

雨薇是个见面熟，也想做个万人迷。因此，不论与谁接触，她都显得比较主动。这里我要特别申明一下，雨薇的主动不是那种心怀不轨的靠近，而是一种极为单纯的对他人的一种友好！她对任何人都没恶意，更没有心机，她展露的只是一种带着单纯的善意。所以，我又用非常平静的语气叫她"小燕子"。这种称呼是比较中性的，既有爱意，也有淡淡的责备。

下午，小燕子缠着她妈妈（她妈妈到学校来开家长会）外出买日用品。回来的时候，母女俩拎着大包小包的吃食。看到我，赶紧递给我一罐薯条，我坚决不要，推辞说我最讨厌吃零食了（呵呵，其实心里想吃，但害怕长胖，只好把口水往肚子里咽）。然后，小燕子又用海南话教我说一种在四川被称为麻团的小丸子。我学了很多遍，越学越走样，逗得孩子们哄堂大笑。小燕子见我这个学生实在笨极了，也就不再抱希望，坚决地把两个麻团塞到我手里。随后，又从包里拿出薯条，要我吃，我不吃，她反复邀请了许多遍，无效，最后强行把薯条塞到我嘴里。

小燕子最听谁的话？紫薇？皇阿玛？五阿哥？好像都听，好像又都不听，她总是会搞出不少事端来。但小燕子最重情谊，最看重她身边爱她的人，她可以为朋友两肋插刀！因此，我要降服小燕子，就只能做她最贴心的朋友，千万不可做皇后和容嬷嬷那样的人。

7. 请不要轻易打破信任机制

> 一个实验，一次交心，如果我的这些女孩子们都没有变化，我只能说：教育是无用的！我除了继续探索外，别无选择！

这学期来了个雨薇，类似小燕子的性格，仅仅三周时间，就给我搞了不少事情出来，比如在寝室里喧闹、晨练迟到、课堂上随意说话、与男生斗嘴。不仅如此，她的青春活力还极具破坏力。本来安静本分的女生，现在也被她带动得跃跃欲试。一直以来，被我引以为傲的贴心小棉袄竟然开始悄悄地逃离我了。

这话从何说起呢？

据生活老师说，以前安静的女生寝室现在变得嘈杂了，以前勤快的女生变得懒散了，以前按时起床参加晨练的女生开始以各种理由迟到了……总之，以前的好女生现在变成了"非主流"的女生。

我不轻不重地暗示过女生，尤其提醒过宿舍长丽兰，叫她高度重视，及时悬崖勒马。可是，女生的乖张行为并未因为我的宽容和善解人意而得到控制，反而越来越严重，以至于今天早晨生活老师直接告状来了。

一直以来，我在前方打仗，后方的女生就是我最坚强的后盾，可是现在，我的后院起火了。女生进入初二，最叛逆的时期来了，我要是当着大家的面苛责她们，只会引起她们强烈的反感，以至于把我的后院彻底焚毁。我可不做这样的亏本买卖。

于是，早晨第一节课前，我走到讲台上，笑容满面地说，我想做一个实验，谁来配合我啊？举手的很多，大胖安靖几乎是站起来举手了。我示意他上讲台，说，请与我一个方向站着。然后我伸开双手，说，你向我倒下来，我接住你。安靖看看我，倾斜着身子欲倒下去，但又直起身，很怀疑地看着我，然后摸着耳朵说，还是另外找人吧。孩子们都笑了，纷纷说，安靖太胖了，他担心你接不住，换一个瘦的吧。孩子们的话音刚落，刘喜旺高举着手要求上来。

于是，刘喜旺与我一个方向站好，我做出伸手欲接的样子，说，来吧，我接住你。刘喜旺毫不犹豫地向我倒来，我也毫不犹豫地伸手接住了他。然后说，再来一次，刘喜旺再倒下去，我再接。孩子们莫名其妙，我却仍然笑容满面，说，还来。刘喜旺仍然毫不犹豫地向我倒下来。可是，这一次，我没有伸手。刘喜旺重重地摔在木质讲台上。孩子们大笑。刘喜旺爬起来，莫名其妙地望着我。我一脸坏笑，看着他，伸出双手，说，再来一次。刘喜旺犹豫片刻，但还是向我倒了下来。这一次，我算是把刘喜旺"黑"到家了，因为我伸出去的手缩了回来。刘喜旺再次重重地摔在了讲台上。孩子们再一次爆笑。等刘喜旺起来后，我伸出双手，笑着说，再来一次。这一次，刘喜旺再也不干了。摸着头，斜着身子离我远远的，望着我，眼神里满是不解。

孩子们笑完了，却一脸的费解。我挥手让刘喜旺回到座位上，然后展开了一场师生之间的对话。

我说，为什么刘喜旺第一次要向我倒下来呢？

孩子们异口同声，因为他信任你。

我说，第二次他还是倒得毫不犹豫，说明了什么？

因为你第一次接住他了，说明你的确值得信任。

但是第三次，我把手缩了回去，我背叛了他，他倒在地上。为什么第四次他还要倒下来呢？

他可能觉得这只是意外，他还是信任你。

但是第五次，无论我怎么请求，他都不愿意倒下来，这是为什么呢？

孩子们默不作声了。

我请了几个孩子起来谈谈这个实验带给他们的感悟。他们都说到了一个关键词——信任！也就是说，人和人之间要信任，而不能背叛！

我看时机已经成熟，于是大发感慨：

你们看，刘喜旺起初对我很信任，说倒就倒，就算吃了亏，还是选择信任。可是，当我一次又一次地失信于他时，他再也不信任我了。也就是说，我亲手破坏了我与刘喜旺之间的信任机制。说到这里，我很想说的是，一直以来，我对我们班的女生信任有加，一直把她们视为我的贴心小棉袄。可是，令我感到难过的是，我们的女生，在亲手打破我们师生之间建立起来的信任机制。想一想,这个教室里的人如果彼此充满了猜疑、防患,这样的学习生活还有什么意义呢?

女生们全都低着头,很难为情。我没再说什么,因为我还想利用中午的时间开个会,向她们说说这些天来我心中的郁闷。我很清楚,要想女生走进我的心里,我就得向她们敞开心扉。我还很清楚,女孩子最喜欢别人对她说心里话,尤其是老师,若对她们说了自己的难处,就更能获得她们的理解和帮助。只要师生关系和谐,信任机制牢靠,孩子们的错误是不需要我去教育就能改正的。

中午做完清洁,我把所有的女生都留在教室里。我没有转弯抹角,而是直截了当地回顾了初一时师生之间彼此信任的美好时光。然后,我向女生们说了我的郁闷,当然不是我个人情感的郁闷,而是因当前的教育现实与我的教育理念发生强烈冲突而产生的郁闷。

比如,我信奉以生为本,可是现在很多领导却信奉以管为本;我相信教育是慢的艺术,可是家长却渴望教育能立竿见影;我认为教育应该直抵心灵,可很多老师却认为只要做好外显的管理就可以了;我认为做人重于分数,可学校评估的就是分数而非你转化了多少个学困生;我认为教育是一个都不能少,可别人却在果敢地淘汰学困生;我认为要培养学生独立思考的能力,可很多人都认为只要把学生管得老实服帖就可以了……

总之,我有许多烦恼与困惑。如果说,我没有思想,只是一个懂得服从的机器,我想,我是没有困惑的;如果说,我不是把教育当作我最挚爱的事业,我想,我是不会郁闷的。因为听别人的话,照着别人给你框定的办法去做,是最简单不过的事情!可是,这种简单,对孩子们的长远发展并没好处啊!

所以,我希望我的女生能够理解我,能够支持我,不要轻易地打破我们已经构建的信任机制。让老师在目前这种艰难的教育时局中寻求到一条合理、合适、合情的路来。

女孩们听得很认真,也很专注,看得出来,她们也很惭愧。但愿我的女孩们能真正走进我的内心,去听听我的心声,去理解一颗在教育中不断挣扎却始终不屈服的心。

一个实验,一次交心,如果我的这些女孩子们都没有变化,我只能说:教育是无用的!我除了继续探索外,别无选择!

第六辑 | 三个男生 三台戏

三个男生，各自为政，闪亮登场。不管观众欢迎不欢迎，他们都在各自的人生舞台上倾情演绎，并且精彩纷呈、好戏连连……

第一台戏　进步之星

1. 总有一条道路能够抵达心灵

> 我相信，只要我坚持不懈地用真诚的心来对待这些曾经受过伤害的孩子，就一定会唤回他们迷失的灵魂。

尤玖的言行举止不但让大家看不惯，我也看不惯。

他喜欢侧身坐在椅子上，跷着个二郎腿，身子还前后左右地摇晃着。站着的时候，左腿直立，右腿软塌着，还不停地抖动。这坐姿和站姿给人一种吊儿郎当的感觉。如果没事可做，他就四处找人说话。老师讲话或者教官训话的时候，总要问一些不着边际的问题或者接一些八竿子打不着的下茬。因此，他常常被教官呵斥。今晚我去宿舍时，生活老师毫不留情地说要把他撵到四楼去住，并且直言不讳地说看不惯他。生活老师还说，看学生，她从来没看走眼过。其实，生活老师的话不无道理，就我而言，和学生打了十多年交道，很多孩子一看我就知道其优劣，只是我更有耐性、更专业地去看他们，然后去帮助他们。如果我不帮助尤玖改掉那些习惯，他长大后能否对社会做出贡献是值得怀疑的。

尤玖的父亲是一名特警，由于忙于工作，疏于照顾孩子，也忽略了与孩子的沟通，因此尤玖的习惯特别差。习惯差若假以时日，也是可以慢慢改变的，但尤玖差的并非只有习惯！很多学生都在私底下议论，说尤玖是被别的学校开除的。为了顾全他的面子，我没问他，而是装作不知道，慢慢地观察他。

晚修没有学习任务，于是我邀尤玖环足球场走一圈。我和尤玖并排走着，走到教学楼的尽头，尤玖说到水泥长凳上去坐坐。于是，我们师生二人并排坐在水泥长凳上。我说，尤玖，其实你很聪明啊，人也长得很帅，我是有儿子的人，我心里还真喜欢你。尤玖对我的话不置可否，没有应声。我接着说，我到海南这些天，发现这里的孩子普遍存在一种怪现象。尤玖赶紧问，什么现象？那就是没有尊严感，我说。尤玖奇怪地问，为什么呢？我举个例子吧，我在四川时，如果某位同学犯了错误，我一般都是很委婉地批评，或者是将之叫到一边，单独谈心，指出其缺点，促其改正。如果我公开地、严厉地、不顾情面地批评犯错误的孩子，他就会觉得很难堪，甚至抬不起头来。可是这儿的学生就不一样了，犯了错误唯恐别人不知道似的，不但不怕老师公开批评，反而担心老师不公开宣扬。还有就是喜欢吼人，不论什么事情，总是想以声音压人。尤玖说，小学就是这样啊。之后，尤玖给我说了他在小学知道或发生的一些不好的事情。虽然已近黄昏，但我明显地看见尤玖说这些的时候在擦拭眼泪。

待尤玖的情绪稳定一些后，我笑着说，尤玖，我从一个细节中发现，其实你很敬佩你老爸。尤玖惊疑地问，什么细节？我记得有次我们说到你老爸是特警队的，你说他抓贼很厉害，而且在网吧里抓你也很厉害，当时我注意观察了，你说话的语气，还有你的表情告诉我，你很崇敬你的老爸。听我说完，尤玖的脸上露出一丝笑意。不过，我觉得你爸爸挺可怜的，我故作悲哀地说。尤玖吃惊了，急问，为什么？你想想，一个特警队员，在外面威风凛凛，可是回到家，面对的却是不争气的儿子，你让他的领导、同事、朋友、邻居怎么看他？一个铁骨铮铮的男人，为了自己的儿子能够有学上，到处求人，赔笑脸，说好话，你说，这是什么感觉？常言道，人不求人一般大，人若求人矮三分！如果不是为你，你爸爸堂堂一个特警，犯得着这样吗？尤玖低下头，幽幽地说，以前在实验中学，跟着那些同学逃课、上网、打架，然后被开除，待在家里半年，找了很多学校，它们都不愿意收我，到了这里，才收下我。我笑着说，这就是我们的缘分，其他学校都不要你，偏偏我跑几千里路把你给碰着了。尤玖笑了，说，其实以前吧，我做那些事，同学都说我很厉害呀，很能干呀，很帅呀，我觉得很过瘾。还有，那些老师，开学时都说，我们私下做朋友，结果最后却不是那样，所以我根本不相信老师，我经常在班上说，老师不是好人，老师不过就是一个骗子而已……

我跟尤玖就那样坐着，天南海北地聊着，其实，安静下来的尤玖真的很可爱。我相信，只要我坚持不懈地用真诚的心来对待这些曾经受过伤害的孩子，就一定会唤回他们迷失的灵魂。我相信，总有一条道路能够抵达他们的心灵！不管寻找这条路有多难，我都要想办法找到它，然后走进去，温暖他们，安慰他们，呵护他们，帮助他们，让他们做一个健康、健全、幸福的人！

2. 两败俱伤

> 一个受了内伤，一个受了外伤，都受伤了，这就叫作两败俱伤！

上午，正在办公室里写试卷分析，吴其哭得上气不接下气地跑来了，捂着胸口，激愤得接近哽咽：尤玖，尤玖打我，我要把他所有的事情，都，都抖出来。吴其由于太过激动，说得语无伦次，并且还伴随着咳嗽。我叫他别激动，不要说话，先把情绪稳定了再说。

吴其就站在我面前，扁着一张嘴巴，双目流涕，偶尔还呜呜一两声。看来这孩子的确是伤心了。而王定改这傻孩子就坐在我对面，笑嘻嘻地望着我和吴其。

我看吴其的呼吸还很急促，知道他心里的火还没平息，于是不提话头，闷头继续写我的试卷分析。过了一会儿，吴其说话了。他说，我要把事情弄大，我要告到学部去，我要把尤玖的老底抖出来。我接过话头，笑着说，尤玖有什么老底？逃课、翻围墙，吴其愤愤不平地回答道。哦，这些啊，我都知道啊，学部领导也知道啊，他在来到这所学校之前就有这些恶习了，有什么好揭发的呢？我仍然笑着。吴其看我竟然没帮他说话，一时语塞，转而犟嘴道，我不管，反正我要找主任反映。我没答理他，回头叫傻傻张望的王定改把尤玖叫来。

尤玖来了，看见吴其在这里，立马双手叉腰，恶狠狠地瞪着吴其。我冷冷地说，尤玖，你又做什么了？尤玖还没来得及搭话，吴其马上说道，他打人。尤玖一下子发急了，挥手舞脚地吼道，我打你啦？我打你啦？吴其也不甘示弱，回敬道，我不怕你！你就打了！尤玖继续吼道，你该打！你为什么要扯我在实验中学怎么怎么样？

听他们吵了一会儿，我就知道事情的大概了，呵斥道，都给我住嘴！先站在一旁冷静，我还要做事，什么时候冷静了，我什么时候处理！两个孩子闻言，立即住了嘴。

埋头做了一会儿事后，我扭头问尤玖，今天你打人了吗？回答我是或者不是！尤玖咬了咬嘴唇，说，是！我再问你，打人是错的还是对的？回答我对或者错！尤玖想要争辩，我制止道，回答我对或者错！尤玖长叹一声，说，错。我冷着脸，继续说，班规第二条——当自己做错了时，必须认错并赔礼道歉，是吗？是，尤玖答道。那好，你既然打了吴其，而且打的是脸，有句俗话说得好——"打人不打脸，骂人不揭短"，可是你，打的就是别人的脸，你把吴其的尊严打得一点都没有了，你，不该道歉吗？我咄咄相逼。

尤玖没办法，只好向吴其认错并赔礼道歉。吴其挽回了面子，情绪一下子就平稳多了。

我又问尤玖，你既然犯错了，那肯定是有原因的，那么是什么原因造成你出手打人的呢？尤玖一听，立即激动了，说，他揭我在实验中学的老底，说我拽，叫我别在他面前充老大，他这是该打！我笑着否定说，我那天惩罚了你，你说是应该的吗？以你所犯的错误，打十次也不够补过，可我也不过是轻轻地抚摸了你一下，而我对自己也进行了惩戒，不是吗？尤玖无话可说，只好点头。

我转向吴其，说，我还记得军训时，三班有个学生在寝室里说尤玖的是非，生活老师还厉声制止，叫他闭嘴呢，你怎么会说这些是非呢？尤玖的老底我清楚得很，但我在同学面前没泄露过半点儿，你为什么要说呢？吴其没了先前的激动，口齿清楚地说道，本来我在发牛奶，发到尤玖那里的时候，他伸手来抢，我叫他别抢，他不听，还拿别人的，我一生气，就吼他，他不听，我一气之下就说了那些话。哦，原来如此，这么说来，尤玖有错在先，吴其处置不当，有错在后，接着，尤玖又用另外一个错误来制止吴其的错误，就形成了连环错。

我说，班规第九条规定，不可以私下议论同学和老师的是非。你这个错误比班规规定的还严重，你这是公开非议了，所以，你也必须向尤玖道歉。

看他们两个人和解了，我说，有个成语叫作"两败俱伤"，用你们两个人的事可以解释吗？两人都不答话，莫名其妙地望着我。我笑着说，尤玖，被吴其揭了老底，心灵受到了伤害，受的是内伤；吴其，被尤玖打了一耳光，肉体受到了伤害，受的是外伤。你们一个受了内伤，一个受了外伤，都受伤了，这就叫作两败俱伤！古人说过："本是同根生，相煎何太急?"你们虽不是同根，但你们是同窗啊，这是多么难得的缘分！这是多么值得珍惜的情感！可是你们，对待同学之情，就像摔碎一个玻璃瓶子一样无所谓。

两个孩子竟然被我说得相视而笑。我笑着问吴其，还需要告到学部去吗？吴其不好意思地笑笑，然后摇摇头，说，不了。

呵呵，一切都烟消云散了，一切都云淡风轻了，一切都平静了。

趁第四节课安排放假事宜，我把吴其与尤玖的事情在班上用平静、客观、公正的语言讲述了一下，而且还在黑板上做了板书，划分了他们的责任，按照德育考核进行了扣分。另外，在这场事件中推波助澜的刘喜旺也受到了批评和扣分，那些观望的麻木看客也遭到了我的口诛——当然，是依据班规进行口诛的。

我为什么要这样做呢？无非是要告诉学生——我很公平，而且我必定按照规则办事！同时也是暗示尤玖，他的老底谁都知道，只是我们不说而已，因此，他要懂得好自为之！

3. 孩子，请降低自己的生命成本

> 人生就是一场生意，你得看利润，你不能做赔本的生意，你必须学会降低自己的生命成本！

被几个初三学生打破头皮，回家休养了一周的尤玖，终于来了。

可是，他的脸上少了以往的阳光。整整一天，我都看到他阴沉着脸，即便课间与同学在走廊上嬉闹，也少了以往的那份张狂。看样子，他很郁闷，很不快乐，很不开心。从尤玖的个性来看，这很反常。

这孩子，是家里几代单传的男丁，家人对他特别地溺爱。在海南，重男轻女思想很严重，因此，就算是尤玖那思想比较开明的父母，也不像其他地方的那些父母那般对孩子严格要求。这些天尤玖待在家里，他的父母要去上班，脱离了父母和老师的视线，他能干出什么有意义的事呢？

尤玖不开心是真的。他虽然调皮，但还没有伪装的本事。在家休养了一周，现在又阴沉着一张脸，我要是不闻不问，那么我以前所做的工作岂不就白费了？于是，我约尤玖晚上6点20分到办公室找我，他没反对，依言默默地点了点头。

6点30分，尤玖还是没来，我以为他又爽约了，于是在心里无奈地默叹。6点33分，尤玖悄无声息地从后门姗姗而来。我笑着，故意瞟瞟电脑的右下角，说，6点33分了呀。尤玖小声地说，生活老师叫我叠被子。既然如此，我也不便啰唆了，开门见山直奔主题，说，尤玖，知道老师最喜欢看见什么样的尤玖吗？尤玖不解，摇了摇头。我笑意盎然，说，有点帅气，满脸阳光，调皮之中不乏真诚。尤玖张大嘴巴，疑惑地指指自己，说，我？是啊，这就是尤玖啊！一个原汁原味的、淳朴真实的尤玖，我笑着说。尤玖的脸上竟然露出一丝腼腆。

或许你不记得了，有一次大扫除，你在擦窗户，擦着擦着，就自顾自地忘情地唱起了歌，那个时候，你知道老师看见了什么吗？我笑着问道。尤玖摇摇头。非常干净，非常纯真，像天使一样的尤玖，我满脸微笑，肯定地说，而这才是真正的你！你的那些坏习惯，只是你在人生旅途中，不小心粘上的寄生物而已，既然是寄生物，就可以很容易地把它们甩掉啊。尤玖若有所思，然而有点费解，但他还是点头表示理解了我的意思。我接着说，但是尤玖，你知道今天老师看见什么了吗？尤玖说不知道。我说，我看见你整天阴沉着脸，很不快乐，很不开心，而且眉眼之间透露出一股令人很不舒服的邪气。尤玖解释道，我今天精神不好。我说，休养了一周，应该精神抖擞才是啊，怎么会不好呢？尤玖到底还是老实，赶紧交代道，昨晚玩电脑玩到12点多。我很吃惊，你父母在家呢，怎么会允许你玩到12点多呢？尤玖嗫嚅道，我等父母睡了，又起来玩的。看，这就是尤玖，一说到玩，便不知道自己是谁了。

就算是玩电脑玩过头了，但你的眉目之间怎么会有一种怪怪的邪气呢？我看着心里感到很不安呢，我皱眉说道。尤玖解释，因为被别人打破头了嘛，所以心里特别不痛快，我老在想找人打回来。我终于明白了，尤玖的眉眼总是不对劲，原来是因为他心里正在谋划一场斗殴。凭以前的朋友圈子，他要找一帮人去收拾那些初三的学生，并非说大话，他实在是有这个能力的。我心里顿时一惊，天，尤玖要真的找人打架，那么他就回到了原点，他的一生就会毁了，我之前的努力也就全白费了。为了不让尤玖再回到过去，我必须帮他消除这些想法！

我说，尤玖，你觉得挨打是丢面子的事情，是吧？韩信，你知道吗？他早年可是受过胯下之辱的。他所受的辱比你的大吧，可他并没有找人打回来，而是发愤图强，最后令那些侮辱他的人汗颜。你因误会挨打了，虽然从面子上看你输了，但从里子看，你是赢家啊。怎么说呢？第一，事发当天下午，你在办公室跷起二郎腿，很神气地斜视着那几个打你的人，而他们则诚惶诚恐。第二，事情发生之后，学部领导对你的父母可是礼遇有加，而肇事学生的家长则小心翼翼地应对着学部领导。第三，你的父母，言语铿锵，理直气壮地教育了那几个小孩好长时间，而那几个肇事者的父母则和蔼地看着你，问候你。第四，你的父母理直气壮，质问那几个孩子的家长是怎么教育孩子的，而他们不敢争辩，反而不停地赔不是。第五，虽然你挨打了，但那几个学生要受到学校严厉的处分。说实话，这次你挨打，多少跟你以前的交往圈子有关系。想想，你不过就是被打破了点头皮，人家是又赔医药费又道歉。虽然输了面子，但你赢了里子，你才是真正的赢家啊!

如果你真要找人打回来,那么我可以给你分析一下:第一,你会受到加倍的处分,因为别人犯错在先,是无意的,而你犯错在后,是故意的;第二,你会让你的父母无法做人,因为前些日子他们才言语铿锵地教育了别人家的小孩,现在自家的小孩有过之而无不及;第三,你这一打,气倒是出了,可你的人生就回到了原点,你肯定会面临被开除的尴尬局面。

尤玖听完我的分析之后,说,那我是不是就要忍了?我说,你只能忍了,不仅忍了,还得反思别人为什么会打你。尤玖,用头脑算一算,你这样做,自己会付出多大的代价,值不值。人生就是一场生意,你得看利润,你不能做赔本的生意,你必须学会降低自己的生命成本!我们做人做事有可能要付出代价,但不必要的代价我以为还是不要付比较好。

尤玖最后终于想通了,决定忍下这件事。我笑着说,很好,面子被打掉了,拾起来,擦拭一下灰尘,再戴上去,或许更干净呢。

4. 爱在忽悠中

> 教育锻造出来的极品，未必都会成为社会的栋梁；但教育打造出来的危险品，一定会危害社会。

中午我到餐厅看孩子们用餐，生活老师见到我，立即向我抱怨，说周五晚上找尤玖找得好苦，中午一定不让他回宿舍，要好好收拾他。随即，与我同去的二班班主任曾老师问我，你怎么处分尤玖？我笑笑，还能怎么处分？原谅呗，如果他对处分不在乎了，怎么处分都不起作用。曾老师无奈地说，我枉当好人了，现在庞康家长不依不饶，说我当时没通知他，倒打我一耙。

听着两位老师的话，大家一定会疑惑，这里面究竟有些什么不足为外人道的事情呢？这件事情说来话长了。

上周五，我要在女生宿舍值班，所以晚修之后提前了几分钟下楼。就寝队伍则由体育委员贾亮带回。在女生宿舍值班完毕，回到男生公寓，已经是灯影幢幢，人影全无了。既如此，我也就乘着晚风回家了。

晚上10点20分，生活老师打来电话，焦急地对我说，尤玖没回宿舍，还有二班的庞康，在校园的每个角落都找不到。当时我正在上网，隐身在线，挂上电话，我点开QQ一看，见尤玖在线，顿时明白了，他一定是出了学校到了网吧。至于他究竟在哪个网吧，我并不知晓。再说了，我来这儿不久，地段还不熟悉，除了海南大学旁边的大型网吧之外，对其他地方是否有网吧也不清楚。我一个单身女子，再爱学生，也不可能深夜孤身一人到处去找网吧寻人吧？于是，我打电话告诉尤玖的父亲，说尤玖没回宿舍，问孩子是否回家了。他的父亲说，孩子没回家，然后安慰我，叫我别急，他去找找看。我打电话给尤玖的父亲，自然是要将问题交给他了，那么，我为何要把问题甩给他呢？

第一，他是特警，有丰富的办案经验，而且对当地情况非常熟悉。尤玖曾对我说过，无论他躲在哪个网吧，他的父亲两个小时之内都会找到他。

第二，尤玖在网吧上网，正玩得快活，索性让他再玩一会儿，等他父亲现身时他就有好果子吃了。

第三，尤玖是海南仔，家就在学校附近，这片土地是他生长的地方，哪里有个坑，他都清楚得很。再说了，他像条小泥鳅似的，油滑得很，所以不必担心他会出什么安全事故。

第四，尤玖小时候的行为教育有断层，这是他的父母当初教育失策造成的后果，因此，现在让他们尝尝苦果也未尝不可，顺带体验一下我们当老师的苦楚，今后对尤玖的教育或许更有效。

鉴于这四个原因，我没再理会这件事，而是在网上溜达了一会儿便安然睡去。呵呵，还做了一个好梦——梦见尤玖被他父亲从网吧里揪了出去。

周六早晨，我还在梳洗，尤玖的父亲便打电话来了，说尤玖已经到了学校。

等我到学校吃了早餐，走到教室走廊上时，我看见尤玖无精打采地坐在教室里。他突然扭头看着我，而我则用凌厉的眼神回敬着他，他满眼惊惶，立即掉头。

然后我调查取证，尤玖倒也老实，根本没让我出招就全招了。他告诉我，他趁同学排队进宿舍时，悄悄溜出去，然后从洗衣房的围墙处翻了出去，直奔网吧，到了网吧，随便找了台机子就疯狂地玩起了游戏，玩到天亮就回来了。

尤玖还得意地说，连他老爸都没找到他，随后又失望地补充道，估计他也没找。我说，今天早晨你爸爸一早就到学校来，对你说什么了？听罢，尤玖竟然笑了，抬起头，虚眯着眼，模拟着他父亲的姿态和语调说道，你究竟想不想读书？然后又用自己的语气说，想啊！说完，又模拟他父亲说，那你为什么就不改？尤玖又换回自己的语气，说，我在改啊。看尤玖身兼二职，繁忙地自导自演着父子对白，说实话，我都想笑了，天下哪有这样简单的教育啊？难怪尤玖身上恶习丛生。我有点不耐烦地扬手制止道，别说了，每次都是老一套，都没个新颖的。尤玖附和道，是啊，每一次我犯错，我爸都说那几句话，说完了，就没了。

尤玖上周才受了警告处分，现在又翻围墙出去上网，如果上报学部，他要么会被记大过，要么会被劝退。单从管理来讲，尤玖这样的孩子被劝退了，对我的班级有莫大的好处。但是，我不能这样自私，就算他现在尘垢满身，但只要我帮他擦拭，我想，一定会擦掉不少。教育，不仅仅要成就习惯、品质优秀的学生，更要挽救习惯、品质较差的学生。教育锻造出来的极品，未必都会成为社会的栋梁；但教育打造出来的危险品，一定会危害社会。因此，我不能把尤玖赶出学校，我要把他留下来，慢慢地帮他刮掉心灵的尘埃。

于是我对尤玖说，我想问你一个问题，你要真实地回答我，你是真想读书，还是迫于父母的压力来到学校的？尤玖回答说，是自己想来读书的，一个人在家太无聊了。那好，我实话告诉你，依你所犯的过错，完全符合劝退的条件，你愿意被学校劝退吗？我一本正经地问。尤玖有点紧张了，说，我不愿意，我想读书。很好，看来你还是蛮喜欢读书的嘛，我笑着说，不过，我也实话告诉你，如果你被我们学校劝退的话，你就再也找不到一所学校容身了，试想，哪一所学校愿意要一个被两所学校开了的学生啊？

尤玖有点无助，脸色也很难看，默默地望着我。我笑着说，不过呢，我可以救你，只是我……我故意兜着圈子。尤玖有点急了，问，要怎么办呢？我仍然笑着，不紧不慢地说，我要是救你的话，总觉得有点像农夫与蛇的感觉，所以我有点不甘心。尤玖辩解道，我不是蛇。我笑着说，谁知道呢，信任一个反复无常的人是很冒险的！尤玖保证似的说，我改，我真改了。是吗？你真的会改吗？你觉得我是选择信任呢，还是不信任？我的笑容一直没从脸上消失，对着尤玖徐徐地说。尤玖急切地说，信任，信任。我笑着说，不是有句话叫作"一朝被蛇咬，十年怕井绳"吗？尤玖看怎么都说不过我，气得直撇嘴。

我看尤玖被忽悠得差不多了，就把笑容从脸上撤走，严肃地说，一而再，再而三地违规犯错，每次都说改，但都没多大改变，你自己说，你要我原谅你多少次，你才会改？尤玖低着头闷声不语。我接着说，不过，我对你还是有信心的，我记得一个案例：有个学生习惯很差，经常犯错，他的老师对他特别宽容，每犯一次错误，就画一根横线，然后原谅他，直到画到第101根横线时，这个学生脱胎换骨了。我现在就拿出比那个老师更好的耐性来，我宽容到102次、103次，你也该洗心革面了吧？尤玖点了点头,很沉重,但又很肯定。

那好,看你态度诚恳,又确实想读书,而且有进步,这次我就不上报学部,当什么都没发生,我希望你从此能够学会管理自己的意志力,真正成为一个好学生,我诚恳而友好地说道。尤玖听我说不上报学部了,感激得直点头允诺。

这是周六早晨的谈话,说完这些,我就没再啰唆,而是挥手示意叫尤玖回教室上课。我以为,这件事就算完了。

可是今天,生活老师说要整治尤玖。我担心,生活老师与尤玖的关系本来就僵,真要整治的话,他们的关系可能就会更僵。但是,生活老师周五晚上找了他一个多小时,心头正有气呢,也就不好劝阻她了。于是,我转而对尤玖说,周五晚上,生活老师把校园的每个角落都找遍了,急得像热锅上的蚂蚁似的,今天中午她可能要生气发火,是你错了,你准备怎么对待?尤玖这下学乖了,竟然说,不管她说什么,我都承认自己错了。

按理说,像尤玖这样的主儿,老师巴不得他连连犯规,然后交由学部处分,学部再将其"恶行"累积成堆,最后让他乖乖退学,那不就一劳永逸了吗?但我不会那样做,我以为那不是教育,那是在推脱责任,一个推脱教育责任的教师愧为人师!尤玖虽然行为习惯不好,但他的心里还是充满阳光的。只是他小时候的行为习惯养成教育出现了断层,所以不知道一个人要遵守各种行为规范,他以为,他想怎么做就可以怎么做。另外,尤玖很磊落,因为他不管干何种坏事,都不会拉人下水。这一点,比那种"要死一起死"的"连带帮"犯错好多了。

我这样做,是想以退为进。我要让尤玖知道,他已经背了处分,而且在我这里还记有大账,如果他再有什么大动作,他就玩儿完了。另外,我以为没必要把他逼得太急,逼急了,他会仇恨我。一旦他对老师产生了仇恨情绪,我的一切努力就都白费了,当然,对他的教育也就彻底失败了。

5. 不是所有的秘密都需要保守

> 教育，是需要感情的，同时，也是理性的。教师要有预设地为学生做好铺垫，因为人生没有彩排！

尤玖因多次翻越围墙，被训育部取消了住宿资格，回家反省一周。今天，他返校了。其实，尤玖起色很大，这一点全班同学有目共睹。但因他之前恶习累累，所以，只要他一犯错误，学部便会盯上他。如果不是我不想放弃，一而再，再而三地暗中保护他，他早就被学校清退了。也正是因为这个举措，我赢得了尤玖以及全班孩子极大的尊重。

尤玖虽然不定时地会违规，但他有自己的底线，那就是不拉人下水，这一点，我以为好多孩子都未必有这样的品质。也正是因为这一点，我宁愿丢掉几枚流动红旗，也要容下尤玖。

不过，任何事情都有利有弊。我容下了尤玖，尤玖除了感激之外，多少也有点得意。他感激不感激，我不在乎，我在乎的是他的那份得意会使得他对错误不在意。只要尤玖不在意错误，那么，要纠正他的错误就不容易。比如今天，尤玖拿着他的反省日记，笑嘻嘻地递给我，仿佛是凯旋归来的斗士。我佯装不满，白了他一眼。他竟然无事一般，涎着脸皮走了。

上午课间，我到教室溜溜，尤玖对我说，数学老师超烦，我又没犯错，就叫我站起来。看看这样的孩子，才来学校不到半天，凳子都没坐热，就觉得数学老师超烦了。我是了解数学老师的，他非常地敬业，待人也不错，如果不是尤玖违反了课堂纪律，他怎么可能叫尤玖站起来呢？

尤玖话音刚落，数学老师就来了，告诉我，尤玖一上课就开始讲话，因此叫他站了一节课。尤玖这样做到底仗着什么呢？他一定是仗着我对他一而再，再而三的原谅，仗着他良好的自我感觉。

我经常在班里强调李镇西老师的话：让别人因我的存在而幸福！我反复地强调并乐此不疲地践行这一点，班里的人际关系因此而和谐了很多。我还经常强调"做别人的重要他人"，所以，很多孩子都以为自己是别人不可或缺的重要他人了。但是，他们忘记了，任何事情都有两面性。既然你可以因你的存在而让别人幸福，那么，你也可以因你的存在而让别人痛苦。

于是，我笑着对尤玖说，我想告诉你一个真相，又怕你受伤，所以还是不说为好。说完转身要走。尤玖哀求道，什么真相？说嘛，我受得住。我这话有点阴损了，因为我激起了尤玖的好奇心，他要是不听到这个真相，只怕吃饭都难以下咽。我笑着说，真的想听？不怕受伤？尤玖肯定地点点头。我说，既然你不怕受伤，我就告诉你一个真相，上周你不在，每位老师都感到很轻松，每个同学都感到很快乐，班级的流动红旗一枚也没丢。尤玖的脸色一下子暗淡了，问，谁说的？是不是数学老师说的？我说，班科会（班级科任老师会议）上说的，不止一位老师说的；至于同学嘛，我调查了，快乐的原因是，你不在，没人违纪，所以流动红旗全保住了，大家自然快乐！说完，我掉头就走了。

这一整天，尤玖都很规矩。放晚学前，我问他，听到真相受伤没？尤玖老实地回答，的确有点难受。我笑笑，不语，转身离去。

润物无声，只适合心灵剔透的孩子；和风细雨，只适合心思细腻的孩子；动之以情，只适合情感丰富的孩子；晓之以理，只适合明理服理的孩子……可是尤玖，却是一个心思粗糙的孩子，一个明理却记不住理的孩子，一个感情丰富却极度不能自控的孩子，一个屡教不改而又非常自恋的孩子，因此，我要挫他一挫，让他知道自己不算什么！让他知道，这个世界没有他，太阳照样东升西落；这个班级没有他，照样运转，而且会运转得更好！我要告诉他，老师之所以没有遗弃他，是因为不想让这个世界从此少了一个人！

事实上，我不打算上报学部清退尤玖，还有一些我抛开老师身份之后的理由。其一，尤玖的父亲是特警，每天与坏人打交道，保一方平安，作为一个公民，我感激他；其二，四川汶川地震时，尤玖的父亲作为抗震救灾人员奔赴抗震前线，奋战了几十天，作为一个四川人，我感激他；其三，我是一个母亲，我知道天下没有哪个母亲愿意自己的孩子被恶习吞掉。

教育，是需要感情的。就如夏丏尊先生所说："教育之没有情感，没有爱，如同池塘没有水一样。没有水，就不成其为池塘，没有爱就没有教育。"同时，教育也是理性的。教师要有预设地为学生做好铺垫，因为人生没有彩排！

6. 来而不往非礼也

> 对不同的学生，只能用不同的招数来对待。

尤玖虽说有很大的进步，但他那张嘴始终不闲着。比如，老师批评某同学的时候，他马上就会跳出来揭人家的短，仿佛他比老师还着急似的；或者给别人取绰号；更甚者，嘴巴还骂骂咧咧。和他好说，他嬉皮笑脸地答道，哦，我知道了，下次不敢了。结果他只是表面上收敛了一些，背地里仍以取笑别人为乐。前段时间，他就给丽兰取了三个令人难堪的绰号。

尤玖虽说调皮，心地却不坏，也还接受我的教导。不过，由于他这学期进步较大，被表扬的时候比较多，难免有点"翻身做主人"的感觉，扬眉吐气得过了头。

我要怎样才能制止尤玖那略带恶意的取笑呢？讲道理固然温和，也能润物无声，自然是育人的上上之策，但尤玖只是口头答应，并不践行；严厉地责骂他，他或许会老实几天，但过后又会卷土重来；置之不理吧，遭遇嘲笑的同学心里会有疙瘩，万一再重磅还击，班里的人际关系岂不要乱套？想来想去，我还是决定给尤玖戴一个"紧箍"，如果他今后再耍无赖，我就念那紧箍咒，看他闭嘴不闭嘴！

下午我到学部签到，出来正好看到尤玖在教室门口，立马想起中午一边洗衣服一边给他起的二十多个绰号。要是把这二十多个绰号告诉他，他那张脸一定会比川剧精粹——"变脸"还要翻得快。哈哈，想着他那张阴晴不定、变化多端的脸，心里就笑得发抖。于是，我笑着向尤玖招手，大声喊道，尤玖，等等我，有好消息告诉你。随即快步轻盈地跑过去。尤玖扭头看我满脸笑容，还说有好消息，顿时满脸喜色，摸摸自己的头发，迷惑不解，又不乏得意，问道，真的？真的，我笑着说，今天中午，我给你取了二十多个绰号，你想不想听听？想，你说吧。尤玖满脸笑容。不过很恶毒哦，我笑着道，一脸的认真，要不要向大家公布一下？啊？算了，不公布了。尤玖赶紧摆手。我一手搭着尤玖的肩膀，笑着说，真的不公布了？那我发到你邮箱里，怎么样？哈哈！我今天太愉快了，第一次体会到贬损别人是多么的快乐啊！尤玖也跟着笑，不过很尴尬。

第二节下课，我到教室里故弄玄虚地对孩子们说，我现在要研究绰号文化了，先做调查，喜欢别人带着恶意给你取绰号的同学请举手。全班无一人举手。喜欢别人带着善意给你取绰号的同学请举手。一共举起了20双手。还有五个孩子表示不管哪种绰号都不喜欢。

然后我说，其实，叫叫绰号也没什么，相反，可以融洽同学关系，和谐班级气氛，增强班级凝聚力。今天中午，我的创作灵感如泉涌一般，竟然给尤玖同学创作了二十多个绰号，大家说，要不要听一下啊？这可不得了，好像点着了火一般，孩子们的火势顿时蔓延开来，他们兴奋得直叫，要！我朝尤玖看过去，用眼神征询他要不要公布，他尴尬地直说，不要，不要。

我笑着说，尤玖本人不同意公布我的创作成果呢，好吧，我得保护当事人，我就尊重当事人吧，不予公布，不过，我设计了一项比赛，需要大家来完成。孩子们马上问，什么比赛？我笑而不语，故意看着尤玖。孩子们看我不作声，还盯着尤玖笑，也转头盯着尤玖，跟着我一起莫名其妙地笑着。

慢慢地，我的笑意消失了，孩子们的笑意也跟着消失了。我一本正经地说，我要在全班为尤玖征集绰号，设三个奖次。分别是一等奖一名，二等奖两名，三等奖三名。一等奖获得者，由尤玖付润笔费10元；二等奖获得者，由尤玖付润笔费各8元；三等奖获得者，由尤玖付润笔费各5元。我还没说完，孩子们就兴奋得尖叫起来。蕊蕊还激动地插嘴道，老师，我们以前给一个同学取绰号取了九十多个。孩子们纷纷议论起来，都想获奖。只是他们虽然兴奋，但毕竟还没被冲昏头脑，又有孩子问我，取绰号有没有要求？我笑着说，有啊，只要符合尤玖的生理和心理缺陷，够狠、够毒就可以了。啊？孩子们睁着眼睛，差点儿把眼珠子射了出来。对啊，就是这个标准嘛，尤玖给同学取绰号都是用这个标准的，现在我们给他取，肯定要用同样的标准啊，正所谓来而不往非礼也，嘿嘿。

孩子们也嘿嘿地大笑，随即起哄。尤玖难堪地低着头。我笑着说，这是个方案，拿不拿出来比赛，关键还在谁呢？孩子们倒是很聪明，答道，看尤玖愿意不愿意。我趁势转向尤玖，说，你愿意不愿意呢？尤玖赶紧摇头摆手，说，唔，唔，我不愿意。我笑着说，不愿意也可以，那得看你今后的表现呢，如果你还要给别人取绰号，怎么办呢？比赛！我们全班给他取绰号！孩子们叫道。我笑笑，很满意这样的效果，说，很好，只要尤玖从今往后不给同学们取恶意的绰号了，我给他取的二十多个绰号就会成为永远的秘密，这个"绰号征集"比赛也会成为一个过期作废的方案。但是，如果尤玖没改进，我给他创作的绰号一定会公之于众——补充一句，很毒的绰号哦。嘿嘿！还有，如果尤玖继续给别人取难听的绰号，那么，比赛方案马上实施，大家说，怎样呢？好！孩子们齐声回答。我示意尤玖，尤玖虽然勉强，但还是答应了我的"不平等条约"。

放学的时候，蕊蕊对我说，老师，好有创意啊！我嘿嘿笑着，心里说，肚子里还有好多歪点子没有拿出来呢。走在我后面的吴胜则指着尤玖说，老师这招高，看你今后还怎么给别人取绰号。尤玖有气无力地说，我今后不取就是了。

当年陶行知先生用四颗糖征服了犯错误的学生，而今，再用四颗糖，甚至四百颗糖，犯错的学生也未必接招。因此，对不同的学生，只能用不同的招数来对待。或许我这招有点损，但是可以制止尤玖的损招。以损制损未必损！

7. 进步之星

> 一个恶习满身的孩子，一个被学校开除的孩子，一个令父母伤心欲绝想要放弃的孩子，现在，他正站在领奖台上，高高地举着荣誉证书，在闪光灯下露出喜悦的笑容。

一年来，尤玖凭借"奋进班"这个舞台，不停地为大家献戏。他的演技有时很精湛，有时又很拙劣。但不管他怎样演绎，这都是他的真实的舞台剧。

期末考试，他的语文考了66分，这是他上初中以来第一次及格。拿到成绩那天，他喜欢得脸都快绽放成一朵花了，眉飞色舞地说，终于及格了，也不枉老师你每天留下我补课哦。

说到补课，还有不少故事。尤玖的语文每次考试只能得40分左右，叫他写作文简直就像要杀他似的，而且他有很多借口。不管他如何向我告饶，我只一门心思地做牛皮糖把他给粘得牢牢的。每天放学铃声一响，我就笑吟吟地站在尤玖旁边，说，尤玖，我等你哦。尤玖很不乐意，瞪着一双怨恨的眼睛，无可奈何地拿出书本。我不看他的表情，只笑吟吟地坐在他对面，从生字补起，每天给他补40分钟，直到他可以顺畅地写出两百字的作文才停止补课。

有一次补课时，我把尤玖给惹烦了，他把书本一丢，气冲冲地说，补，补，补，每天都补，别人都出去玩，我还要补。看他很生气，我没理会他，只把脸侧到一边，装作很委屈的样子，幽幽地说，我这是自讨没趣，别的老师都在外面散步、谈心，玩得多开心啊，可我，还在这里一厢情愿地给别人补课，不但没得到任何报酬，还遭到怨恨，天下也只有我这样的人才会去做这样的傻子。

或许男孩天生就有一种强者意识，在弱者面前总想充当保护者。尤玖看我一脸委屈，话也说得幽怨，当即温软地说，老师，老师，我补，我补，一定不让你失望，你不要怄气了。呵呵，这个尤玖啊，真是让人又爱又恨，我心里笑着，但还是一脸委屈，故意很不情愿地说，那好吧，我们开始补课吧，希望这一段时间的补课不会白费，期末你一定要考出好成绩。尤玖"嗯"的一声，顺从地跟着我前行。

尤玖果然没有辜负我，语文考试他得了66分。虽不是高分，但在他的成绩记录中，却是最高的分数了。

学年评优时，学校给了我们班五个"进步之星"的名额。我把评比条件告诉大家之后，孩子们异口同声地说，尤玖进步最大！我笑着说，根据评比条件，大家投票选举，把真正的进步者选出来，只有真正进步了，而且是大进步，才堪当"进步之星"！

选票公布后，尤玖以毫无悬念的优势当选为"进步之星"。领奖那天，尤玖就坐在我身后。当主持人念到"'进步之星'，七（1）班，尤玖"时，全场掌声雷动。尤玖激动地站起来，问我，老师，我要上台吗？我笑着说，当然啊，这是多荣耀的事情啊，赶快上去啊。尤玖摸摸头，有点不适应，略带羞涩地说，我这是第一次上领奖台呢。

我催促道，快上去吧，只要你愿意，这样的机会今后多得很。其他孩子也催促道，快上去啊，人家都上去了。尤玖这才欢跳着走上领奖台。

一个恶习满身的孩子，一个被学校开除的孩子，一个令父母伤心欲绝想要放弃的孩子，现在，他正站在领奖台上，高高地举着荣誉证书，在闪光灯下露出喜悦的笑容。

假期里，尤玖对他的父母说，一定要请我出去喝早茶，说我这一年太辛苦，对他太好了，没有我，就没有他的进步。

没有哪个孩子是傻子，老师对他怎么样，他心里有一杆秤，称得清清楚楚的。所以，我一直在心里叮嘱自己，你做得怎么样，不用自己说，学生就有一张最公正的嘴。

第二台戏　冰冻三尺

1. 填补爱的缺空

> 表面上装出一副不屑一顾、毫不在意的样子，心里却很渴望有人去爱护他、关心他。

陈伦脸色青黑，无精打采，懒懒散散地趴在桌子上，一看就知道昨晚睡眠不好。一个本该幸福快乐的孩子，现在变成这样，我心里真的很痛。可是，我怎样才能帮他呢？是不是靠近他，与他谈谈，问问他这两天是怎么过的？可是，他那副阴阴的、拒人于千里之外的表情令我不敢贸然前去，我害怕他对我产生敌意，到时我要攻破他的内心就很难了。

但我终究还是不愿意看见他孤独地颓丧地扑倒在桌子上，于是走近他，问他心情怎样。陈伦用警惕的目光看着我，然后将头扭向一边，不予理睬。我友好地拍拍他的肩膀，可他故意扭转身，把我的手甩了下来。看来我不能操之过急，暂时就让他保持原状吧。估计我周一与他父母相见让他产生了敌意。本来陈伦就不信任我，现在可好，我又见了他父母，又亲眼看到他们父子"演戏"，他对我应该更加排斥了。我要转化陈伦，第一就是要取得他的信任，没有他对我的信任，一切努力都将是白费的。

本来已经打算把他暂时冷冻了。可是中午我下楼吃午餐时，远远地看见陈伦在对一个老师行队礼，并且非常阳光友好地打着招呼。那一瞬间，我看见了真正的陈伦——阳光、健康、快乐、积极！

我心里说，这孩子有救，我不能放弃他！

于是，我快步走到他身边，说，陈伦，今天中午我们聊聊，可以吗？陈伦冷漠地说，随便！我迟疑了一下，说，随便？什么意思？你不愿意吗？陈伦仍然冷漠地说，随你啦，你要我来，我来就是了。我心里顿时高兴起来，心想，我不管你是什么态度，只要你愿意来，我就有希望了。

午餐之后，等我回到办公室，陈伦已经提前到了。

我愉快地说，真的很感谢你！你很守时，这也是对我的尊重。

然后，我叫陈伦坐在我前面的办公桌旁，说，看着我吧，用眼睛看着我，我们只是闲聊而已。

我首先提起话题，我说，我不是要故意走进你的家庭，对你的爸妈我不做评价，感情的事说不清谁对谁错，我也不敢保证我的婚姻就不出问题，我只是希望你活得快乐，过得幸福，教育的目的是帮助而不是打击。陈伦突然接着我的话题说，还不是那个人，我本来好好的，每次一来就是这里不对那里不对。我笑着说，你爸爸很爱你呢，不信，我可以读一读我周一写的日记，你允许我读吗？有些话是你当时没听到的。陈伦点点头。我打开电脑，小声地给陈伦读着我周一写的日记。陈伦也静静地听着，我不知道他的内心是否受到了触动。只是读完之后，他对我的戒心开始解除，主动对我说，他是装的，那是因为老师在那里，在外人面前他都是装的。你不知道那天晚上，他当着那么多人的面打我，说我这不好那不好，等着瞧，我一定会找人打回来的。我看陈伦又激动了，赶快说，我对你爸爸的了解不多，你不喜欢他我们就不谈他了。

聊了一阵后，陈伦对我竟然没了抵触的情绪。我猜想可能是因为他感觉我站在他这一边了。

然后，在一旁办公的尹老师说了她小时候父亲是如何地挑剔她、打骂她，她当初是如何地恨她的父亲，可是后来，父亲得了癌症，她又是如何地不再恨他，而是给他治病，跑来跑去服侍他，他在临终的时候流下了悔恨的泪水，说，还是这个女儿好！尹老师还说，父亲过世已经三年了，现在父亲的缺点都想不起来了，只想得起父亲无数的优点，看着别人有父亲，而自己没了，很伤心。

我也接着尹老师的话回忆了我的童年，也是一样的，只是打我的是母亲。我当时也很恨我的母亲，还发誓说今后再也不认我的母亲了，可是现在，我很感激我的母亲，如果当初没有她的教导，我无法学到好的品质。

从陈伦专注的沉默中，我知道他的内心受到了一定的震动。于是趁机说，其实我很想与你进行文字交流，我一个女同志，有时说话难免啰唆，也可能不太客观，因此我最喜欢文字交流，因为我在使用文字时，每句话都要经过思考与斟酌。可是，我没有打印机，写进了电脑，打印出来又不方便，要是你有邮箱就好了，我可以直接发到你的邮箱里。陈伦赶紧说，我有邮箱。我笑着说，那好啊，你把邮箱地址给我，今后写好我就发到你的邮箱里。陈伦说，我的是 QQ 邮箱。哦，QQ 邮箱啊，那我得加你的 QQ

号才行呢,我笑着说,你愿意告诉我你的QQ号吗?陈伦竟然爽快地把他的QQ号告诉我了。

一个孩子,愿意把他的QQ号告诉老师,这意味着什么呢?

其实,像陈伦这样的孩子,表面上装出一副不屑一顾、毫不在意的样子,心里却很渴望有人去爱护他、关心他。他比任何人都渴望关注,也正是因为这个原因,这些孩子很容易交友不慎、遇人不淑。这些游离于"正邪"之间的孩子,老师只要耐心地伸手帮帮他们,就极有可能把他们拉回来。而我现在该做的,就是补缺,不能让陈伦在最渴望关爱的时候出现爱的缺空,否则,他父亲的"预言"就很有可能会成为现实。

2. 把他冻在冰箱里

> 只要他不扰乱课堂秩序，不违反班规，就让他存在吧。把他冻起来，或许有一天，他长大了，自己就走出来了。

这一周，陈伦的事情很多。先是拳打蕊蕊，然后是辱骂夭夭，接着是玩弄李改，虽然每件事他都找得到理由，但首先他是肇事者。还有，不少老师也反映，陈伦上课睡觉，不做作业，如果不让他睡觉，他就要扰乱课堂秩序。一节课也就40分钟，老师要停下几次来制止他，这时间实在是浪费不起，再说，对其他学生也不公平啊。

把他找到了办公室，让他坐下，我说，有句话是这样说的——"以铜为镜，可以正衣冠……以人为镜，可以明得失"，你希望我对你说真话吗？陈伦点了点头。

我拿出本子，一边说一边记：

第一，每天早晨到校，你首先就是睡觉，老师多次督促都无用。

第二，开学一个多月，有些科目的老师几乎没见过你的作业，多次督促都无效，甚至站在你旁边监督着你做，你都不做。

第三，扰乱课堂秩序，常说一些不着边际的话，令老师上课非常不顺，而且耽误其他同学的学习时间。

第四，通过言语和肢体欺负同学。

就凭这四条，学校就足以严惩你，但是，鉴于你的特殊情况，老师都理解你，包容你，并未将你的事情呈报学部。

你自己好好思考，你是留还是走？（陈伦的妈妈月底要到广州去考瑜伽教练证书，无人照顾他，所以想把他带走。）你自己决定！走，一切规章制度对你来说就毫无意义；留，那么，你就得遵守学校和班级的所有规章制度。你可以让你的心灵自由，也可以保留你的个性、你的观点，但是，你没有资格干扰老师为其他同学授课！还有，每个同学都是平等的，你没有资格去打去骂！

陈伦最后还是决定留下来。

但是，他的心不在学校，他只是利用学校与他的父母作斗争而已。昨晚，陈伦的妈妈来学校找我，告诉我陈伦最近连她这个妈妈也不理了，无论说什么，他就是不理会。如果说陈伦恨父亲，那还情有可原，毕竟父亲的离开让他少了一个完整的家。但是，恨悉心照顾自己的妈妈，就难以理解了。难怪无论我说什么，陈伦都是一副爱理不理的神态，甚至还流露出厌恶的神色。或许，敏感脆弱的他觉得我知道了他的根底，起了防御心，他以为我会拿这些来要挟他，嘲笑他，甚至伤害他。

今天，我叫他，他不答应；我问他作业做得怎么样，他没反应；我说要交作业，他就交一个空本子给我；我说不是这个，把本子递给他，他就接着；我说不做就不让他离开教室，他就忙着去抄来交给我。下课后，他站在后门的中间，一双脚踩在饮水瓶上，看见我了，就赶紧把脚拿开。中午，靳灵儿等办黑板报，用了他的课桌，他一到教室，一眼看见，心怀不满，朝着靳灵儿就是一阵念念有词的咒骂，具体骂了什么又听不清。他旁边的课桌上有一个黑板擦，他恨恨地拾起它丢在了地上。我什么也没说，顺手拾起了地上的黑板擦。

如果说陈伦恨我，是因为我要开导他，或者说要管束他，还情有可原，但是，班上的同学并没惹他，他同样对大家充满了恨意。就算这样，他也不愿意离开，就算每节课都睡觉，每天都承受孤独和异样的眼光，他也每天按时到学校。只是，到了学校他却不学习，而是在仇恨之中打发时光，这个孩子啊，说来也真是可怜。但是，他既不愿意接受别人的帮助，又走不出自己给自己设置的心灵牢笼，我不知道该如何来帮助他。

既然如此，我就给他一个"冰箱"，将他冻起来，只要他不扰乱课堂秩序，不违反班规，就让他存在吧。把他冻起来，或许有一天，他长大了，自己就走出来了。

3. 找到打开心门的按钮

> 我在陈伦的心门上按了一下,他没反对,而且有了善意的反应。

早晨,我进教室的时候,陈伦已经到了教室,他是第一个。不过,并没有做有效的事情,而是扑在桌子上面睡觉。我没叫他,叫他除了引起他的反感之外别无他用。

整整一天,我都没拿正眼看陈伦,不论他做什么,说什么,我都不答理他。其实,我一直在偷偷地观察他。我很困惑,他究竟在防备我什么?是我不小心说错话了吗?我在班上可是闭口不说他的事情啊!是我歧视他吗?有比他更差、更捣乱的尤玖啊!是我对他太冷淡了吗?我总是有事无事找他说话啊!是我对他太过分了吗?我也只是照章办事,凡是没逾矩的,我都模糊待之啊!是我废话连篇,啰唆无度了吗?其他学生怎么不觉得呢?思来想去,估计只有一个原因,那就是我无意之中走进了他的家庭,窥探到了他的家庭隐私,他那颗敏感骄傲的心受到了打击。所以,他对我起了戒备之心。一旦孩子对老师起了戒备之心,老师要走进他的内心帮他擦拭灰尘,就相当困难了。我要怎么样才能解除他对我的防备之心呢?

主动跟他沟通?行不通。因为陈伦就是这样的个性——他心里若不高兴,就不跟任何人说话,甚至对和他感情最深的母亲,他同样可以长时间闭口不言,恨意横出。给他写信?他现在读得进去吗?估计他看到我的信就要冷笑,因为一切说教在陈伦那里都会换来冷笑。他是这样一个情绪化的人,不要说对老师,就连对同学,说翻脸就会立刻翻脸,说不理就会立马不理。在班上不点名地说呢?以陈伦的年龄和智力,难道他会不知道老师是在指着萝卜说青菜吗?唉,我究竟要怎样才能消除他对我的误会,以及对我的戒备呢?

下午第四节课,我对体育委员贾亮说,咱班成立一个篮球队吧。没想到大家还挺踊跃,一下子就有八个同学报名。陈伦坐在座位上没来报名,贾亮说，陈伦比较有实力，把他也写上吧。我说，好啊！陈伦没有反对。

篮球队成立之后，大家立刻散开，跑到篮球场上去"拼命"了。我也跟着下楼，到了球场，贾亮、班图、陈伦三个人已经与三班"开战"了。我故意不看陈伦，而是用目光追逐贾亮和班图。不过，从我偷窥的眼睛里，我发现陈伦打得很投入。就对着旁边的阿里等赞道，哟，看不出来，陈伦还挺厉害的，起码可以和三班那个最厉害的角色匹敌。等我再向球场扫视的时候，陈伦正站在三分线外，举着球，举棋不定，我喊道，陈伦，上啊！声音刚落，陈伦就投球出手，虽然球未中，但大家士气蛮高。然后，我发现陈伦老是在上球，只要抓球在手，找到合适的位置，他就会奋力上篮。我当下就明白了，我这句话起了一个按钮的作用，至少，我在陈伦的心门上按了一下，他没反对，而且有了善意的反应。

晚修前，我进了教室，特意把我们班的篮球队夸了一番。虽然我对篮球一窍不通，但我还是在那里装模作样地高谈阔论，而且满怀激情地说，我们班实力不弱啊，贾亮、班图、王春，都是高个子，往篮板下一站，谁敢动呢？还有阿里，虽然个子矮了点，但身段多灵活啊，打篮球嘛，除了高度，就是要灵活，像泥鳅一样，在里面来来回回，趁人家不注意，截球就跑，弄得人家防不胜防。还有吴其、尤玖，拼命三郎似的，真要动真格的，谁不怕呢？最主要的是还有一个陈伦，他身手不凡，抢球快，投球稳，而且善于传球，很有团队意识，他可以和三班的头号人物分庭抗礼，只要陈伦把他牵制住了，我们班还怕吗？大家被我说得很有信心，都笑吟吟地望着我。终于，我第一次看到了陈伦平和的表情。这就足够了，只要他在老师讲话的时候不冷笑了，并且不再用半信半疑的眼光审视着你，就足够了！

4. 冰冻之后的翻晒

> 教育的力量是巨大的，但如果教育的策略失误，那么教育将是无效的；教育也会产生奇迹，但如果教育的对象心如槁木，那么枯木逢春的奇迹将只是一个传说。

上午，陈伦没来学校，我很不安。他母亲远在广州，不好打扰。他父亲与他不和，不敢造次。于是静静地等待。下午，陈伦来了，虽未请假，我也只能装糊涂，柔声问他上午怎么没来。陈伦答道，肚子痛拉稀，到医院检查去了。这一点我相信。以他的个性和具体情况，来不来学校，我都拿他没办法。再说了，海南这段时间闹霍乱，只要有呕吐、肚子痛、拉稀的现象，就要立即检查。

一说到陈伦，便想起许多令人心痛的故事。

陈伦自他妈妈离开海口到广州之后，有很长一段时间对我敌视有加。我没介意他的敌视，尽管他的刺多次刺得我心里发怵，但我还是选择靠近。或许，等他刺得不想再刺的时候，我就可以彻底走近，进而走进他的心灵了。

陈伦的心裹着厚厚的壳，旁人很难走近，哪怕是要好的同学，也只能与他保持适当的距离，如果硬要靠近，他就立即竖起他的尖刺，刺得你人仰马翻。同学尚且如此，做老师的就更难靠近他了。

其实，陈伦没有大的违规动作，而是很守时地来到学校睡觉、发呆、小声地骂人，甚至生气。如果他觉得身体不适，也会留在家里，但不会跟任何人打招呼。大有我行我素之作风。鉴于他的情况，我之前的想法是给他一个"冰箱"，暂时把他冷冻起来，不让他走歪路。但论坛上的网友"心手75"老师说，冷冻值得商榷，如果真的冻成冰块，长大了岂不更麻烦？我觉得"心手75"老师的话不无道理。即便要冷冻，也不能一冻了之，还要找机会翻晒，保证他不变质，尤其不能把他冻成冰块。因此，我在对陈伦进行冷冻的时候,也在不停地寻找机会翻晒他。

第九周的时候,终于有了一个机会。

周四是"海甸分校第五届体育节",共有八个比赛项目,其中三个项目是球类比赛。而球类运动是陈伦的强项,因此我动员他报了三个球类项目,陈伦虽然爱理不理,但还是在我的微笑加赖皮的攻势下答应了。

可是,临到周四晨读结束的时候,一向守时的陈伦竟然还没来。我立即召集全体孩子,说,陈伦到现在都没来,我很担心他会因为情绪的变化而放弃这次比赛,如果我们现在不定好方案,到时就会慌手脚。孩子们点头表示认同。我说,没有胡萝卜,同样可以办宴席,今天,我们班正处于危难之际,每个人都有责任为班级解燃眉之急。比赛的结果不是最重要的,最重要的是比赛的时候有人参与。现在我们就要定下第二套方案,如果陈伦不来,谁来顶替他的位置?孩子们听我这样一说,纷纷要求顶替陈伦,尽管很多孩子的球类运动根本不是强项,但为了告诉别人我们班有人,就不怕出乖露丑了。

上午,运动会开展得热烈又热闹,但不见陈伦的影子,我心里便有片阴郁的叶子遮盖了阳光。上午一共开展了四个项目,由于我们是全员参与,所以实力不如三班,因此,四个项目有三个获得年级第二,有一个项目还获得了年级第三。但是大家没有泄气,而是把希望寄托在下午的四个项目上。我没想过比赛的结果,即使再差,也能获年级第三嘛,怕什么呢?

下午,当我们坐等运动会开始的时候,我看见陈伦揪着头发来了。眼尖的孩子也看见了,立即欢呼道,陈伦来了。我装作什么都没看见,和身边的孩子说说笑笑。由于事先叮嘱过孩子们,说陈伦来了,就当什么也没发生,一切照第一套方案进行。所以,陈伦的到来倒也没有惊起波澜。

不知是下午发挥得好呢,还是受陈伦的影响,抑或是因为陈伦的技术高超,总之,上午一霉到底的现象竟然改变了。三个球类项目的比赛以遥遥领先的优势夺得了年级第一。接着是声势浩大的拔河比赛,看着那激动人心的场面,平时内敛喜静的女孩子竟然主动请缨,没获准的还在一旁生着闷气呢。可惜的是,热情始终战胜不了别人的强势体力,由于个子悬殊,我班拔河比赛落败,只得了年级第三。但这样的成绩已经令我们很高兴了,为什么呢?因为我班是全员参与,不论实力如何,每个人都上了赛场，不像其他班，只有十多个人有参赛的机会。

发奖的时候，我们班获得了年级银奖。趁大家高兴的当儿，我不失时机却又不露痕迹地赞道，呀，陈伦还是一员福将呢，上午他没来，我们全被别的班踩翻了；下午他一来，我们就踩翻了别的班，他为我们获得银奖立下了汗马功劳！说完这话，我悄悄地看向陈伦，见他面有得意之色。他拽了拽头发，很温和地对我说，上午肚子痛，所以没来。

晚上看电影《地心游记》时，陈伦就坐在我后面，一直都很安静，只是偶尔与贾亮交流一下电影的内容。

以后的时间里，陈伦仍然不听课，仍然不做作业，仍然因为寂寞而找前桌的贾亮说话。但还是有一点变化，那就是没听到他叽里咕噜地骂我了，也未曾看到他对同学横眉冷对或者骂骂咧咧了。陈伦目前处于这种状态，要他好好学习显然是一种奢望。我目前能做的，就是少批评，多鼓励、包容他。先走近他，让他对我产生安全感、信任感，我才可能对他施教，否则，一切都是徒劳！教育的力量是巨大的，但如果教育的策略失误，那么教育将是无效的；教育也会产生奇迹，但如果教育的对象心如槁木，那么枯木逢春的奇迹将只是一个传说；教育还会令顽石开花，但如果顽石没有生出慧根，这花就只是开在手心里的一朵塑料花！

5. 新版"借刀杀人"记

> 有一种人，你在乎他的时候，他对你爱搭不理，你不在乎他的时候，他反而会有所改变！

这两天班上可安静了。那恼人的谩骂终于得到了有效的控制。班级风气一下子纯净了许多。一直悬而未决的问题为什么一下子就得到解决了呢？

这话还得从陈伦说起。虽然陈伦始终不与我交流，也不听我任何的建议与劝告，甚至连夸奖和爱护都不接受，但我还是发现了他的心理存在的两个漏洞——畏惧拳头和权力。

吴其遭受着陈伦无尽的谩骂，单靠我是无法解决的。事情若非弄大，也是不可能得到解决的。因此，我一直姑息着陈伦，而且花了很多时间在吴其身上，教他如何说话、如何与同学相处、如何忍下这口闷气，而对陈伦则只是通过邮件的形式点到为止地劝告。我的容忍并没有让陈伦收敛，相反，陈伦更加猖狂了，这也是我预料之中的事，也正是我想要的效果！

两周之前，我假借吴其父亲之名，把那些跟着陈伦起哄的孩子召集到办公室，绕着弯子说，吴其的父亲听说你们无休止地谩骂吴其，非常生气，本来今晚就要找你们算账，但被我拦住了，学生嘛，谁不犯个错误呢？只要改正了，不骂了，也就没事了。那些起哄的孩子听说吴其的父亲差点要找他们算账，心里都有点害怕，纷纷推说是陈伦在骂，他们只是跟着起哄而已。当然，他们也说了吴其的许多不足之处。吴其的确存在许多不足之处，但不论有多少不足之处，他也不该承受同学的无情谩骂啊！自那次之后，部分孩子住口了，不再跟着起哄，但陈伦的一些铁杆朋友和一些习惯本来就很差的孩子仍然在找吴其的茬儿，以至于吴其哭了好多次，还闹着要转班。

尽管如此，我还是没动，而是一边安抚着吴其，一边容忍着陈伦，静静地等待陈伦的母亲从广州回来。因为我得找个机会把陈伦在学校如何谩骂老师和同学的事情告诉他的母亲，不然，如若陈伦来个恶人先告状，我的工作将陷入被动。

静静地等待了一个多月，时机终于成熟了。陈伦的母亲从广州回来了，我已经与她详谈过，而吴其也已经忍让到了极限，陈伦的恶行也让班里的许多同学侧目。我想，这个时候该是吴其的家长出面的时候了。吴其的爸爸是食堂的师傅，虽然老实忠厚，但陈伦一而再，再而三地谩骂吴其，并且还牵连着谩骂他，只要是有血肉的人，再怎么忠厚老实，也容不得一个学生如此地欺负自己的儿子吧！我找到吴师傅，把一切和盘托出，告诉了他陈伦的情况，教他扮个恶人，好好吓唬吓唬陈伦，相信陈伦经过这一吓，一定会收手的。吴师傅在学校待了多年，对这里的学生很了解，我一说，他就明白了，答应说一定会找个时间好好教训一下陈伦，并且还叫我放心，他绝对不会使用武力，只是装装样子，吓吓小孩子。

吴师傅果然依照我的计划行事。周末的时候，他找到陈伦，恶狠狠地抓住陈伦的衣领，举起右手，佯装要打，再黑着一张脸，劈头盖脸，秋风扫落叶般地骂向陈伦，把陈伦吓得直哆嗦。但陈伦还是死鸭子——嘴硬，死不承认骂了吴其。因为我事先告诉了吴师傅陈伦除了怕拳头之外，还怕权力。所以吴师傅抓着陈伦的衣领，使劲地将他往前拽，说要去找校长、找主任。这下陈伦怕极了，哀哀地向吴师傅认错道歉，还保证从此以后再也不骂吴其了。

当然，这样的"精彩场面"是吴师傅周日的时候告诉我的。吴师傅说得笑不拢嘴，我则深深地叹了口气。这样的孩子，今后进入社会，将是一个什么样的人呢？一个只认拳头和权力的孩子，他的价值观是多么的扭曲啊！

上周五我召开了班委会，把陈伦周围起哄的兵给打散了。这两天，我对陈伦实行"凉拌政策"，不论他做什么，我都视而不见。我也学他那一套，不管你怎么做，我就当没看见。一句话，我当你不存在，你能把我怎么样？

真没想到，陈伦一下子老实了，安静了，以前一下课就带着一群伙伴骂人起哄的现象不复存在了。不少孩子对我说，哎呀，陈伦终于安静了，并且还问我，老师，你是用什么办法收拾陈伦的？我笑着说，你们不是看见了吗？我对他毫无办法！这真是应了一句话：有一种人，你在乎他的时候，他对你爱搭不理；你不在乎他的时候，他反而会有所改变！或许，陈伦就是这样一种人！

6. 再次冷冻

> 孩子总有长大的一天，慢慢等待吧。

下午，负责学生工作的凡老师召开了初一全体学生大会，既肯定了各个班级所取得的成绩，又指出了不足之处，然后宣布了对初一各班违规学生的处分决定。由于我事先做了铺垫工作，被处分的几个孩子对我都毫无意见，相反还特别地感激我。呵呵，这一招我是跟王晓春老师学的。王晓春老师说，教师做工作，不要主动把矛盾往自己身上揽，而要把矛盾集中到学校这个大集体上，因为学生可能会恨处分他的老师，但不会恨处分他的集体。我以为这不是耍什么花招，而是教育工作的一种策略而已。只要是守护学生的长远利益，做工作时稍作变通，又有何不可呢？

可是，学生之中还是有一个疑问，那就是为什么不处分陈伦。是的，按照校纪班规，陈伦挨十次处分也不足为奇。但是，我就是不处分陈伦。不是我怕他，也不是我姑息他，而是实在有不得已的苦衷。陈伦不只是有行为问题，而且有严重的心理问题，对一个心理有问题的孩子，处分有作用吗？除了把他逼进死胡同之外，还有什么用呢？再说，陈伦只是跟班借读一个学期，现在，他跟班读书的时间已经不足一个月了，给他一个处分有什么用呢？还有，他的母亲和我说过，陈家每一代都有一个精神病患者，他们之所以一直对陈伦迁就、溺爱，甚至姑息，就是害怕苛严会把孩子逼成精神病。既然有这么多原因，我又何必一定要与陈伦真枪实弹地对着干呢？我以为还是我以前使用的"冷冻"策略对陈伦来说是最好的方式，或许，我们耐着性子等着陈伦长大，他就能走出他的心理牢笼。

差不多两周了，我对陈伦大张旗鼓地实施"冷冻"策略，效果竟然出奇地好。不管陈伦上课时摆何种姿势睡觉（多数是假睡），我都当没看见，而且我还故意当着他的面招呼其他打瞌睡的孩子；班上好多同学感冒了，陈伦也感冒了，并且感冒得很厉害，鼻子都擤坏了，我就是不闻不问，而且还当着他的面，对其他感冒的孩子嘘寒问暖；其他孩子违规了，我要么语重心长，要么痛心疾首，要么和风细雨，总之有各种表示，但陈伦违规了，我全当什么都没发生；课间，我还故意和那些与陈伦玩得好的玩伴有说有笑，但就是把他晾在一边。

冷冻了三四天，陈伦感觉到了，他开始故意违规向我挑战，但我沉住气，一直没理他，然后他又安静下来。这一周，陈伦不再违规，而是在我的课堂上偶尔搭腔，比如有一次写"大蒜"，我故意说，啊呀，我不会写"蒜"字，谁帮我写啊？陈伦就在下面小声地说，不会写字还当老师！我装聋作哑，陈伦也不再作声。还有一次，我说，我为什么要到海南来呢？那是因为我读小学时，我的地理老师和我说，住在大海旁边的人真幸福，想要吃鱼了，只需拿个瓢到海边一舀，就是一大瓢。下面的孩子马上笑道，你上当啦，哪里有鱼呀？连个虾子都舀不到呢。陈伦也掺和道，那个老师干吗要诱惑你呢？真是的。我仍然装聋作哑，没接陈伦的话。

或许有人会说，冷冻到这个时候应该解冻了，但我还不打算解冻，我还要观察，还要调查，直到陈伦彻底放弃了对我的怨恨，我才会找个机会走近他。而且，我对他的爱、对他的关心也不再表现出来，在他面前，我只是一个理性的管理者，一个就事论事的班主任。我为什么要这样呢？因为我最近了解到陈伦有这样一种心理——他专门和对他好的成年人较劲。也就是说，你越是表现出对他好，他越是不买你的账；你越是关心他，他越是讨厌你。这样一个有逆反心理的孩子，你用正常的教育手段去影响他，有什么效果呢？

只是，我有一点担心，陈伦下学期就要离开，我不知道他到了一个新的班级会怎么样。但愿他能遇到比我优秀、比我更懂他的老师，那样，他就得福了。只是，这种可能性有多大呢？从小学到初中，陈伦保持这样的状态已经四五年了，老师也换了不少，但没有一点改变。或许，这样的孩子，让社会和生活来教育他，效果会更好吧。

陈伦离开"奋进班"后，也没有回到侨中，而是被家长送到快乐成长大本营去封闭教育了半年，据说有很大进步。

孩子总有长大的一天，慢慢等待吧。

第三台戏　凤凰涅槃

1. 一个看《狼图腾》的孩子

> 喜欢读书的孩子，一定是不同凡响的孩子。

上午9点，我在办公室清理表册并核对课表。一位绅士模样的男人带着一位干净帅气的男孩找来了。他说，他要把他的小孩放在我的班上。我含笑点了点头。男人又说他的小孩贪玩，这个假期完全是玩过来的。

男孩听到他爸爸说他贪玩，脸一沉，撇撇嘴，一副很不服气的样子。我摸摸男孩的头，问，你叫什么名字？男人赶紧帮忙作答，苏光，喜欢表扬，不喜欢批评。男孩撅起了嘴，垂下眼睑，扭过头，脸不再对着他的父亲。我拍拍男孩的肩膀，笑着说，没事，没事，老师今后批评你时，在批评上面加一层糖衣就是了。

聊了一会儿，苏光爸爸带着苏光到招生办缴费去了。我望着苏光的背影，一时间觉得迷茫。这是怎样的一个孩子呢？在他身上怎么看不见那份少年固有的单纯和阳光呢？

半个小时后，苏光父子又找到教室来了。苏光爸爸嘱托我，希望我多费点心，多花点精力在他儿子身上。并且还说苏光近视，要我给他考虑个好座位。家长那种舐犊之情，那种望子成龙的急切心情，同为家长的我是很理解的。因此，我笑着回答，没事，没事，但凡听力、视力有问题的，我都会考虑的，等到所有的学生到齐时，我再和大家商量。苏光的父亲很健谈。苏光则相反，一言不发，拿着讲台上的一个圆规架自个儿玩起来。

在我的再三承诺下，苏光爸爸才千恩万谢地带着苏光找生活老师去了。

后来，苏光一个人返回了教室。我问他住宿安排好了吗？他懒洋洋地、冷冷地回答道，好了。这个苏光，究竟是怎样的一个孩子呢？在他身上找不到初一新生的那份害羞与胆怯、敬慕与渴望。看苏光那么冷淡，我也没再答理他，而是忙着招呼我儿子与他的朋友帮我从学部办公室搬教材。偶尔悄悄觑眼看他，竟然看见他手上拿着一本《狼图腾》。我故作惊讶地说，啊！你看《狼图腾》啊，这可是需要一定的语文功底才看得懂的哦，我也很喜欢读这本书，我还收藏了一本，我们今后可以交流哦，你很喜欢读书吗？苏光的脸上开始漾着浅浅的笑意，说，是啊。我赶紧拍拍苏光的肩膀说，哦，我可找到知音了，我也很喜欢读书的，我儿子也在读《狼图腾》，只读了一半就放下了，因为那本书在老家，没法带来，你可以把这本书借给我吗？我让我儿子读完，今后也可以跟你交流啊。苏光很爽快地答应了，眉宇之间的阴气也在渐渐地减少。说说你读《狼图腾》的感受吧？喜欢狼的精神吗？我想把苏光眉间的阴气一扫而光。不想苏光眉间的阴气更重了，沉沉地答道，我读了这本书心里很难受。我吃了一惊，问，为什么呢？苏光说，那么美丽的草原给毁了，所以我心里特难受。是啊，苏光说的何尝不是我当初读这本书的感受呢？农耕民族肆意烧山捕猎，致使草原沙化越来越严重，几十年时间，美丽的草原消失了，变成了一个秃顶丑婆娘。看不出，你还是一个环保主义者呢，我笑着说。苏光的眉毛终于向上扬了扬。

午饭后，我到宿舍去，看到苏光坐在窗台上玩。就说，你在发呆啊？苏光赶紧申辩，我没发呆，我的脚趾很疼，化脓了。我一看，并没有苏光说的那么严重，只是有点发红而已。于是我不予理会，说，你家就在学校隔壁，你爸妈还让你住校，一定是想锻炼你的自理能力吧？苏光撇撇嘴，说，我们家有三套房，不过学校隔壁的租了出去，再说了，他们自己从不叠被子，还叫我把被子叠得好好的。我笑着说，或许他们很忙呢。苏光正色道，一屋不扫，何以扫天下？我呵呵一笑，摸着苏光的头说，嘀，你还蛮有思想呢！今后我可不敢小觑你！

晚自修的时候，苏光的眉间没了之前的惆怅，他平和、恬淡、安静地坐在教室里，看新发的课本。课间休息的时候，他竟然主动与我搭讪，说我的时间可能慢了两分钟，然后又问我，明天是不是一定要穿校服？我说，是啊。苏光立即做了一个翻白眼的动作，夸张地说，啊，我的校服在家里，我死定了！

其实，苏光是一个很有温度的孩子。只是，为何在他的眉宇间总有一股淡淡的愁怨呢？不过，他喜欢读书，这是令我欣慰的。因为我一直认为，喜欢读书的孩子，一定是不同凡响的孩子！

2. 用书籍丰盈孩子的心灵

> 对于一个爱读书的孩子，用书本丰盈他的心灵是最有效的教育途径。

上午第二节课下课后，我拿着教本刚走到教室门口，便有人急速来报，说苏光与王定改被学生会主席抓住了，肯定要扣分，肯定要上榜。我扭头向八一班看去（主席是八一班的耿民），果然，看见苏光和王定改傻兮兮地站在那里受训。我心里暗暗高兴，扣点分也不算啥，就让苏光和王定改这俩小子丢丢脸，我正想找个机会"教育教育"他们呢。尤其是苏光，心态越来越不好了。欺负女生的行为没了市场，他又把战场转移到男生那里去了。

他最近的表现怎样呢？有时大声地自言自语（据他说，他觉得很闷的时候就会一个人说话）；有时招惹别人，然后进行无度的嬉闹，而他的度量又很小，只要一吃亏，便会发火、吼叫，做出一副吓人相。现在的孩子，谁吃得了亏？谁又是被吓大的？因此，他的对手也毫不示弱，当然，最后吃大亏的往往都是苏光。而苏光吃亏之后就觉得自己特别委屈，然后就郁闷，再然后就发脾气、吼叫，上课发呆走神。

对苏光，我之前觉得呵护备至是上策，因为苏光的生母在他五岁那年送他上学时出车祸去世了，这件事在他心里留下了阴影。但是，经过一个多月时间，我觉得只呵护是行不通的，我必须走近他，帮助他强大自己的心灵。

铃声响起时，苏光与王定改跑了回来，我放了王定改，堵住苏光，环抱着胳膊，不冷不热地问，刚才是怎么回事？苏光闻言青筋直冒，理直气壮，咬牙切齿，吼道，是王定改，他打我，我才追他的！进了教室的王定改毫不示弱，站在座位上竭力分辩，说苏光先骂了他。这两个孩子，没有一个是省油的灯。王定改吧，行为极端地不规范，自控力极差，认错极快，但就是不改，并且他还是"奴孙派"（王定改的自我评价）人物——谁的拳头硬，他就怕谁。我要是站在门口听他们分辩，这堂课就泡汤了，于是想治他们一治，就说，群众的眼睛是雪亮的，真理掌握在大家手里，我呢，个人评价可能带有感情色彩，你们在讲台上用肢体语言把刚才的情节演练一遍，请大家裁决谁是谁非。

虽然他们很不情愿，但是迫于大家的压力，还是非常勉强地演练了一遍。演练的时候，王定改比较投入，而苏光情绪不好，还在大声地吼叫。结果他的吼叫引来了大家的极度不满，于是控诉之声纷纷响起。

我不再说话，而是把舆论大权交到群众手里。说实话，苏光也该正视自己了，他一向自视甚高，脾气也大，因此大家并不喜欢他。大家的攻击使苏光大受其伤，虽然我心里觉得不忍，但是，我还是要让苏光明白他在大家心目中的位置，这对他今后的改变是有帮助的。

其实，对这场打闹苏光小题大做了，因此他有不可推卸的责任。为了严明纪律，我让苏、王两人站着上了一节课。王定改倒是没什么，他是老油条，这点惩罚对他来说简直就是小菜一碟，因为他惧的只是拳头。但是苏光哪里受到过这样的惩罚啊！尤其是这两个月来，我对他呵护有加，他对我是既信任又依恋。因此，第四节课的时候，苏光回到座位上趴在桌子上，不听课，也不看书，还在默默地流泪，不过要求的作业他还是完成了的。我只是温言劝了几句，也没再说其他的话，继续上课。

中午，苏光没吃午饭。午休时，我到宿舍看他躺在床上，开玩笑道，苏光，据说你在绝食啊。苏光很平静地否定了。我也不再言语，做自己的事去了。

放晚学时，我看见他还是闷闷的，就将他留在教室，问，还没想通？苏光偏着头，不满地说，我为什么要想通呢？我说，想不通话你自己受罪，想通了的话，你自己受益，就是这个理！

苏光不再作声，我知道他心里委屈。他总觉得这件事是王定改引起的，他受到了惩罚，对他来说很不公平。但是，他就没想过，如果他不那么喜欢招惹别人，王定改就不敢动他。

我望了望苏光，似笑非笑地说，我可以借你一本书，孙虹钢与董一鸣著的《你为什么感到社会不公平》。苏光听我说要借书给他读，脸上竟有了喜色。

为了看那本书，苏光吃了晚饭就到了教室，认真地阅读起来。晚修时，他双手恭敬地把书递给我，我笑着问，看完了？苏光满脸笑意，答道，看完了。我又问，想通了？苏光几乎雀跃了，含笑回答，当然想通了，想得特别通了。

其实，这本书更适合初入职场的年轻人读，于苏光来说，稍早了点。不过，我始终认为，学校的教育是不能脱离社会的，我们除了倡导公平，也要告诉学生，公平是相对的，这个世界上，没有绝对的公平！这个道理与其让我的嘴巴说出来，还不如让书本告诉他。对于一个爱读书的孩子，用书本丰盈他的心灵是最有效的教育途径。

3. 他为什么爱惹事

> 现在当务之急不是去教育苏光不要惹事，而是要弄清楚苏光为什么爱惹事。

周四早晨，班长谭豪对我说，早晨发生了一件性质比较恶劣的伤人事件：苏光先是打了安靖，然后又把安靖的手臂咬伤了。

这自然不是小事！

先查看安靖的伤势。他的左手臂上，有一团乒乓球大的乌青疙瘩，乌青的皮肤里层渗着血迹，表皮多处破裂，能明显地看到牙印。

对同班同学，苏光竟然如此对待，这是为什么？更何况我还在班上下了死命令：不准与本班同学斗殴！他为何要置我的硬性规定于不顾呢？

我叫来两个孩子当面询问事情的端由。苏光说，周三晚上，宿舍里有人说话，安靖出面管理，点了他的名字。令苏光不满的是，又不是他一个人说话，安靖凭什么要点他的名字。

我说，安靖是生活委员，负责就餐就寝的纪律，寝室里有人说话，他该不该管？退一步说，安靖就算不是班委干部，大家说话，影响了他的休息，他有没有权利制止？

苏光无话可说，但昂着头，很不服气。

那么，安靖手臂上的咬伤又是怎么回事？我厉声问道。今天早晨，安靖招你没，惹你没？苏光摇头。

安靖，你先说说今天早晨的事实真相，我转脸对安靖说。

安靖委屈地说，今天早晨，他突然跑过来打我，打了之后，就拉着我的手臂咬。我一脸严肃，扫视着两个孩子，问道，事情就这么简单？除了昨晚的铺垫，今天早晨连过渡都没有，事情就发生了？两个孩子同时点头。

这么说来，这件事的责任完全在苏光。于是，我气咻咻地厉声斥道，亏你还是律师的儿子！你爸爸是怎么教的？就算他是律师，我也要找他论论理……苏光泪眼婆娑,低声下气地说,不要。

一直以来,我是最反对语言暴力的,但是,我为何要如此疾言厉色责骂他呢?

其一,苏光的暴力行为越来越严重,单单这学期以来,就与班上八个同学有过肢体上的冲撞(暴打李改的事除外),与有些同学还冲撞了好几次,而冲撞的起因往往又是苏光造成的。

其二,苏光咬伤安靖,如果安靖回家乱说一通,事情就会闹得更大,到时双方家长或许会纠缠不休,所以,必须息平安靖心里的气。

其三,安靖是班委干部,实施管理之后遭到报复,如果我不主持公道,今后班委干部对班里的不良现象还敢管吗?

其四,苏光这学期与同学的肢体冲突不下十次,每一次我都给他讲道理,但事实上苏光并没有多少改变。在所有劝告无效的情况下,当头棒喝或许会有一点效果。

凤凰浴火之后可以重生,那么,我是否也可以置苏光于"死地"而让其重生呢?我知道苏光是最爱面子的,所以,对芝麻小事,我根本不提,小心翼翼地呵护着他那张单薄的面子。但是,这一次,我要把他的面子撕下来,当众粉碎,然后再捡起来,慢慢帮他修复。

于是我整了整脸色,凝重地走进教室,说,部分同学或许已经知道了,苏光因为昨晚安靖招呼他不要说话了,怀恨在心,今天早晨,趁安靖不注意,跑过去就打,然后又咬,安靖好好的手臂,被他咬破了,牙印犹在,血痕未消。而我,狠狠地责骂了苏光,甚至批评了苏光的爸爸。事后,我会向苏光爸爸坦白这些。大家心里或许会有疑问,为何这学期苏光与那么多同学发生肢体冲撞,我却始终都没处置他呢?那是因为我一直都把苏光当作读书人!我第一次碰到他的时候,他正在读《狼图腾》,之后,他又读了很多书,一个喜欢读书的孩子,很多道理是不需要我讲的。可是,苏光这一学期的举动让我很失望,他经常主动滋事,而且常常以两败俱伤告终。今天,一个读书人,不仅打了本班的同学,还拉着人家手臂咬,什么东西才会做出咬的动作?

下面的孩子马上议论开了,纷纷说,只有狗才会咬人!还有不少孩子说,你打就打吧,干吗咬人呢?

对啊,一个读书人,竟然咬人,这是多么可悲的事情啊!所以,我今天骂苏光,就是要把他骂醒,让他记住自己是一个读书人!现在,苏光!给安靖赔礼道歉去!我的语气没有丝毫的柔软。

苏光自觉理亏,没做任何反抗,赶紧从座位上起来走到安靖边上,鞠躬并向安靖说对不起。我趁势说,也是安靖宽宏大量,要是遇到某些唯恐天下不乱的孩子,早已经打电话把家长叫来了。还记得上次贾亮与几个同学打二班郑某的事情吧,这里巴掌刚落,那里家长就赶到了。家长不管三七二十一,马上把孩子送到医院拍CT,贾亮只是摸了一下郑某的脸,就赔了一百多块,还挨了学校的处分。孩子们马上应和道,对啊,那个家长好无赖哦。我脸色舒缓过来了,笑着说,不过,我相信安靖的家长不是这样的人,他的妈妈是搞教育的,很懂道理,而安靖也宽宏大量,决不会回家乱说的。大家说,是吗?孩子们纷纷赞同,而安靖也羞涩地说道,不会的。

我之所以这样说,就是要防止刁蛮的家长来学校生事。

周四一天,苏光很闷,没敢到处跑,而是坐在座位上看自己的书,做自己的事。

周四晚修我在八一班上,课间与孩子们议论此事,他们一致认为是苏光的家长管得太严,所以他很压抑,于是就要寻找释放的途径。有些孩子还现身说法,并且建议我让苏光多去球场打球,释放他的压力。这些孩子的话或许是有道理的。苏光的父亲对苏光的要求的确很严,看来,我还得与苏光的父亲沟通才行。晚修结束时,我在八一班门口,看孩子们从走廊上走过来。在隐隐的灯光中,苏光突然看见我,吓了一跳,但没打招呼,而是做了一个立正姿势。

周五下午,我在苏光的家校联系表上的备忘录栏目写了一句话:释放压力的方式很多,不一定要使用暴力。

第四节课,学校组织老师举行篮球赛,我也是参赛队员之一。孩子们说要到球场为我捧场。目光搜寻之后,我发现苏光也在场,所不同的是,他的手上多了一个篮球。

周五晚上我去上课时,苏光的面色和缓了很多,并且在与张晓晓说笑了。对于我的课堂要求,他也都做到了,还想找我说话,却又不敢。而我呢,还是严霜满脸,故意不理会他。

周六上午放学了。孩子们欣喜若狂,纷纷找我开出门条,我笑吟吟的，有求必应，但就是不把目光瞟向苏光。

待大家都走完了，苏光才磨磨蹭蹭地走到我面前，欲言又止。我闭紧嘴巴，似笑非笑地望着他。苏光鼓动喉结，使劲咽了一口唾沫，开口说道，老师，帮我开条。我展颜一笑，说道，还在恨我？苏光撇了撇嘴，摇头道，哪里，我犯错时，我爸爸把我打得要死，我还没恨呢。哦，这么说来，不恨啦，很好，我马上开条，我仍然笑着说。

苏光拿着出门条走了。但是，苏光的事情没完，他的问题还没得到根本性的解决。他的父亲，平时是怎么管束他的呢？我要知道。他每次骂人、打人时，心里是什么感觉呢？我要知道。他周边的同学对他是怎么看的呢？我要调查。苏光的早期记忆呢？我想，我也应该知道。只有知道了一切真相，我才可能对症下药。苏光的敏感、多疑、好惹事，究竟是本身固有的呢，还是家里管束太严、压力太大造成的呢？抑或是他没学会处理人际关系，没明白为人的道理呢？总之，当务之急不是去教育苏光不要惹事，而是要弄清楚苏光为什么爱惹事。

4. "咬"你要商量

> 与孩子打交道十多年，我知道孩子会扩大自己的痛苦，拉大自己的伤口。苏光会不会因为觉得前后落差太大，心态没有调整过来，而出现认知言行偏激呢？

苏光的暴力倾向为何越来越严重了呢？我该怎么来缓减或者消除这样的倾向呢？如果苏光每次惹是生非之后，我要么是忽略，要么是劝解，要么是怄气，要么是批评，那么，我想苏光的问题永远都得不到解决，而他的心理压力也将会越来越大（每次矛盾升级之后苏光都会很后悔）。因此，最科学、最正确的方法还是走进苏光的内心，找到真相，对症下药。

首先，我询问了苏光的小学同学。他的同学说，他小学时就特别喜欢招惹别人，每每把别人弄得火冒三丈，而最终吃亏的又是他自己。因为这个原因，他经常挨老师的批评，甚至还要挨打，可他始终改不了。

这么说来，苏光的暴力意识由来已久。只是在这学期表现得更加突出而已。

随后，我给苏光写了张小纸条，算做投石问路。

小纸条的内容如下：

苏光：我找你小学同学问过了，他说你在小学时也有很强的攻击性，经常被老师批评，甚至责打，你的同学关系也很糟。我感到很吃惊，这里面肯定隐藏着什么原因。如果你想改善这种糟糕的局面，那么你就得对我知无不言，言无不尽。

（1）你在攻击（语言和肢体）别人之后，心里有一种什么感受？
（2）在你的记忆中，你记得最早的是哪一件事？
（3）你在什么情况下最容易攻击别人？
（4）你有没有想过你的这种攻击性行为会造成什么后果？

今天早晨，我问苏光，小纸条上的问题回答了吗？苏光摇摇头，随后又说，你想得太多了。看来，苏光对我还有戒备，我也不想再勉强，于是对他说，今天中午做完清洁，你留下，我跟你聊聊。苏光没有拒绝，而是点头表示同意。

中午做完清洁，孩子们都回宿舍午休去了。我和苏光在教室里对面而坐。苏光本来是非常黏我的，但因这次咬人事件我把他的面子撕得粉碎，所以，他看见我就有点躲闪。

我说，苏光，说实话，这次钟老师对你那么严厉，我的形象在你心里是不是完全颠覆了？苏光摇了摇头，吸了吸鼻子，说，没有，只是面具戴得久了，跟脸长在一起，你硬生生撕下来，很痛。我说，是的，很痛，但我就是要当众摔碎你的面子，然后捡起来，慢慢帮你修复好，你知道凤凰涅槃吗？苏光点了点头。你知道置之死地而……我故意停顿。

置之死地而后生，苏光补充道。

对了，这些道理你都明白，无需我再重复。我今天找你就是很想知道事情的真相，你能告诉我吗？我说。

苏光沉默着，把头低了下去，看样子是不想说。

苏光的表情告诉我，一定有隐情，只是他不想说。于是我只得迂回一枪，说，苏光，周日你爸爸说你什么没？苏光摇了摇头。那么，你知道昨晚安靖的父亲来学校了吗？苏光点了点头。这就对了，你父亲没说什么，是因为我没对他说你咬人的事情，真要说了，不说你挨一顿毒打，至少也要挨一顿臭骂。安靖的父亲找了我，他告诉我，安靖回去对他说，和你玩时，被你不小心咬着了。安靖的父亲不怪罪你，但他要我转告你，今后再也不要咬人了，因为人的口腔有毒。现在，明白了我为什么要当着安靖的面厉声责骂你吧？苏光点了点头。

我看苏光的面色和缓了很多，又语重心长地说，老师只是想帮你，如果找不到事情的真相，你我就只有堕入犯错、责备，再犯错、再责备的怪圈中。小学时若没有把问题解决了，遗留到了初中，如果初中还不能解决这个问题，那么我问你，到了高中你怎么与同学相处？一言不合，岂不是要升级到动刀？你爸爸是律师，到时由他来给你辩护吗？残忍不残忍？

苏光不作声，但面色凝重。我担忧地说，你很压抑，你也不快乐，你之所以无法控制自己的暴力倾向，是因为你想释放。

苏光有点吃惊，望着我，随即点点头。然后，耸了一下鼻子，像是下定决心似的说，因为家里的问题。

是你爸爸对你太严了，限制了你的自由？我问。

不是，我爸爸对我都是讲道理，只是在花钱和交友方面比较严格。周末也可以出去玩，但要带上手机，到哪里都要给他打电话。犯严重错误时也会打，但打了之后会疏通，苏光流畅地说道，我和我妈妈相处得不太好。

你和你妈妈不是很好吗？我惊奇地问。

是很好，只是我们的性格不一样，我觉得好的，她觉得不好，她觉得好的，我又觉得不好……苏光的话匣子终于打开了，我不插话，只是静静地听着。原来，这个孩子心里装着这么多的烦恼，我们都不知道。

不过，我还有个疑问：苏光所说的是不是百分之百的属实呢？只听一面之词会不会冤枉苏光的妈妈呢？与孩子打交道十多年，我知道孩子会扩大自己的痛苦，拉大自己的伤口。苏光会不会因为觉得前后落差太大，心态没有调整过来，而出现认知言行偏激呢？

不论是孩子，还是成人，对他们进行评论，我以为都不要断章取义。不论冤枉了谁，都不公平，并且有可能会引发更大的矛盾，所以，我必须小心行事，把所有的真相弄清楚之后，我才有真正的发言权。于是，我先给苏光制订了一系列改造计划。

（1）转移法。主要通过体育运动来发泄精力，转移注意力。苏光说，他不会打篮球。我马上毛遂自荐，说让我儿子教他打篮球。他想了想，说，干脆还是打乒乓球吧。我笑着说，何种运动不重要，重要的是要出去运动，把心里的怨恨和烦恼通过汗水流泻出来。

（2）读书法。读书可以使人变得安静和深刻，使其心态慢慢变好。苏光说，他爸爸都不爱给他买书，说买了书又不读。其实，苏光的爸爸冤枉苏光了，苏光是一个极爱读书的孩子。我说，这很好办，没书读，是吧，我可以给你提供。苏光说，他很想读有关青少年人如何做人的书。我说，好啊，正好我儿子有一本《青少年适应社会的健康心态》。

（3）写日记法。把心中的不满、心中的烦恼，书写在日记本上。苏光随口道，要是被别人看见了怎么办？我笑着出主意，很好办啊，写完之后，撕碎，然后丢弃在垃圾桶里，谁会去捡那些碎纸片来看呢？

（4）曲线救国法。我这个老师既然不好干预苏家的家事，但我可以与苏光的姐姐交流，让他姐姐出面跟他父亲沟通，这样，效果比我出面更好。于是，我向苏光要了他姐姐的QQ号码，但愿他这个念研究生的姐姐能帮到他的忙。

（5）提醒暗示法。这是我与苏光约定的。每天，我负责暗示他，而班长看见他心情不好，或者情绪失控时要及时提醒他，以避免事故升级。

（6）奖励法。如果连续三天没招惹是非，就在全班表扬；如果一周没有招惹是非，得五星一枚；如果连续两周没有招惹是非，我送他一本书。

苏光听我给他制订的改造计划，听得直乐，并向我保证，从此下定决心洗心革面。

我不知道我的计划会不会令苏光来个大转弯，但我至少相信，我找到了苏光的病根，并且他愿意接受治疗了，这就是进步，这就是希望！

5. 换一种心态，获得的就是另一种人生

> 告诉孩子，同样一件事，想的方式不同，做的方法有异，所得到的结果就不一样。

终于联系上了苏光的姐姐。

我先把苏光前两天写的日记发给苏光姐姐看。她回复说，看了两遍，心情很沉重，苏光所说的基本属实，但言辞过于偏激。其实我爸爸也知道，只是有时没法用理性的办法解决。这么说来，苏光的确有伤口，且他的伤口没有愈合，相反，他在不断地撕裂自己的伤口给别人看。

苏光姐姐说，苏光小时候特别得宠，妈妈最宠他，爸爸加倍宠，还有我这个姐姐长期无限地关爱。原来，苏光小时候集一家人的宠爱于一身，过的是众星捧月的日子。现在，要他去捧一个女孩子，他怎么受得了呢？苏光姐姐还说，苏光从小就比同龄小孩多愁善感，很容易钻牛角尖，经常说些自暴自弃的话，让大家心疼他。

最后，苏光姐姐告诉我，苏光描述的事实存在，不过情节没他说的那么玄，比如毛巾价格，他的描述带着个人的情绪。他俩之前都是家里的老大，碰到一起了，苏光被迫容忍一个比自己还横的主，心里肯定不痛快，我这个能跟他一起玩一起恶搞的姐姐又一年才回去一次，他肯定觉得孤独郁闷。我觉得我们要多关心他，其实，根源还是苏光自己的心态没调整过来，他还停留在小时候在家唯我独尊的状态中，始终不愿意面对现实，我们要让他从过去走出来，让他现在过得充实快乐些，而不是让他的郁闷、憋屈、怨恨积聚满了，就爆发一次。

我阅读着苏光姐姐打过来的文字，心里不免叹息，同时也庆幸我没有主观臆断，这里面的确是有一定的隐情。为了慎重起见，我还是从苏光入手吧。

怎么做呢？除了上一周给他量身打造的改造计划照样执行外，我想，更多的是要制造机会调整苏光的心态。

第一，告诉苏光，要做一个发自内心地快乐的孩子。怎样才能让苏光

快乐呢？我想，这个答案该由苏光来回答我。

第二，告诉苏光，不论是谁，当面对比自己小的小孩子时，能让就让吧。没有缘分是成不了兄妹的，现在，有个现成的妹妹来关爱，这是多么幸福的事情啊！

第三，明确告诉苏光，想要以前的那种爱是不可能的了。就算是亲生母亲也不可能在孩子大了之后还百般宠爱，而会变成理性、长远地爱。

第四，告诉苏光，不要期望后妈跟自己的亲妈一样。就算后妈像亲妈一样，孩子也未必会接纳。所以，只要后妈尽职尽责就可以了，就算有些小偏心，也应当视为正常。

第五，告诉苏光，"融四岁，能让梨"。这说明我国古代就非常讲究兄弟亲和、兄弟相让。作为兄长，吃穿用度差一些也无所谓。一个懂事明理的孩子，不用父母说，都应该主动让着小妹。

这些是我的理论改造，我会慢慢地把这些道理渗透给苏光。但是，孩子是只看眼前事情的小人儿，他才不爱去管以后的事情呢。因此，我在给苏光奠定理论基础的同时，还得给他介绍一些合适的书籍，或者讲述一些重组家庭彼此谦让的故事，尤其是孩子该如何去接纳后妈的故事。当然，适当的时候，苏光的家庭若再做一些调整，我想，苏光的心态往积极方面调整就没多大问题了。

我还知道一个细节，那就是苏光也黏他的后妈，只是，他单方面地想恢复到以前的状态。这肯定是幻想，就算苏光的亲妈在世，也不可能一味地迁就、宠爱他。不过，我还是很想告诉苏光的爸爸，就算回不到以前，家里的人也要关注他、重视他。因为孩子已经进入青春期了。虽然这样下去苏光也不会变成一个坏孩子，但一定会影响他的学习，影响他的人生观，甚至影响他今后的婚姻观。

我们都知道：心态决定命运！可那毕竟是成年人花了代价才悟出的道理，孩子怎么会懂呢？我们所能做的，就是去营造一些氛围或者说创造一些契机，告诉孩子，同样一件事，想的方式不同，做的方法有异，所得到的结果就不一样。要自己快乐很容易，那就是宽容别人，也宽容自己；要自己痛苦也很容易，那就是死拽别人，也死拽自己。拖着别人下水的做法是最愚笨的方法，因为水中带人最不容易逃生。

6. 凤凰涅槃

> 教育孩子，单线前进是低效的，只有发散前进才能采撷到更多的育人之花，收获到更多的育人硕果。

苏光打人，以致发展到咬人，暴力倾向越来越严重。为了弄清事情的真相，我与苏光谈心，给他制订改造计划。然后又在适当的时机把我写的有关苏光的案例发给他的爸爸阅读。苏光的爸爸阅读之后，感慨万千，立即给我发来一条短信：钟老师，看完邮件，感慨万千。您真是一位优秀的老师，将苏光交给您，我一百个放心，我会按照您的要求去做的！

后来，苏光的爸爸果然放低姿态与苏光沟通，孩子心里的满足感立即增强了。苏光爸爸还找了一个周末，带着苏光，邀请我和我的儿子，一起到外面聊天。我觉得这是一个非常好的契机，欣然前往。苏光和我儿子相聊甚欢，我和苏光爸爸也有许多共同话题，两个孩子听着我们追忆从前，都非常感兴趣，觉得我们的从前简直不可思议。

当然，光是这些渠道还远远不够，我还通过与苏光的姐姐交流，获取了第一手参考资料，想以此来调整苏光的心态。

苏光姐姐所说的也并非完全没有道理。苏光最大的症结还是在于"爱的独占"心理。母爱没了，或许他已经渐渐适应了，但是父爱被分割了，他接受不了，所以，他看什么都不顺眼。加上苏光是一个善感的孩子，所以，在别人看来极为正常的事情，在他看来却不正常。好在苏光喜爱读书，所以，他这个问题还不难解决，只要给他时间，给他合适的书阅读，他一定会改变的。果然，在他读了那本《青少年适应社会的健康心态》之后，他说，读完之后才知道，自己好多东西都不懂，并且说自己要按照书上说的去做。我看有了收效，马上鼓励他，很好，继续努力，只要你连续两周没有出现出格的打闹，我会把书送到你手里的。苏光闻言，"耶"的一声，异常得意，说，一定做到！

两周多过去了，苏光虽有小动作，但分寸拿捏得非常好，出格的大动作一个也没有，孩子们都反映说苏光改变了好多。再看苏光的那张脸，这两周由于没与同学发生过激矛盾，一直笑呵呵的。苏光像他父亲一样有着一张英俊的国字脸，个头170厘米，加上他的快乐表情，简直成了一个标准的翩翩美少年。

为了奖励苏光的进步，也为了兑现我的诺言，昨天，我到书店去给苏光买了一本书。买书之前，我征求苏光的意见，问他喜欢哪一类书。苏光回答说，哪一类书我都喜欢看，买什么书就由老师来决定，老师觉得我现在需要读什么书，我就读什么书。我心里一喜，心想，有了这句话，我心里就有底了。于是，在书店为苏光买了一本《感悟父爱》，我想，现在不必给他说太多的理，只要他达到了我的要求，我就一定满足他的要求。道理都在书里，只要他慢慢去读，还怕他不懂吗？

中午放学的时候，我故意把包的拉链拉开，露出书的一角，说，苏光，看，我给你买的书。苏光欢喜无限，赶紧低头朝我包里看。我故弄玄虚，把包一捂，说，我还要去调查一下，只有你真的改变了，才能得到我的礼物，这样的礼物也才有价值。苏光笃定地拍拍胸，说，你去调查吧，绝对做得好，礼物一定是我的。

苏光做好了没有呢？肯定做好了。课间，我煞有介事地问这个问那个，大家都说苏光改变很大，连续两周多都没闹事了，并且由于同学关系好了，苏光每天都笑嘻嘻的，很开心。

书，最终送到了苏光手里。苏光得意非凡，忘情地摆了一个兰花指造型，惹得周围的孩子哈哈大笑。

是哪些方法让苏光逐渐转变了呢？我想，功劳不能算在我一个人头上。其中，有苏光爸爸的努力，也有苏光姐姐的参与，还有苏光自己的克制。当然，我为苏光打造的一系列塑身方法都起了作用。这就告诉了我们一个理，教育孩子，单线前进是低效的，只有发散前进才能采撷到更多的育人之花，收获到更多的育人硕果。

第七辑 | 与教育有关的那些事儿

教育可能是春风润物，也可能是疾言厉色，还可能是不按牌理出牌。教育不是全能的，更不是万能的！教育是一种慢的艺术，一种需要等待的艺术，一种需要智慧的艺术……

1. 教育，不能没有疾言厉色

> 春风抚慰的只是小草，而疾风锻打的则是大树。

昨天早晨，李改死都不起床。生活老师说她叫了几十遍，李改都没反应。我也温言软语问了他好久，所有的话语如泥牛入大海。他就虚眯着一双眼睛望着你，眼里满含挑衅。开学之初，李改的母亲来过学校，说他是吃软不吃硬的孩子，要好好哄，他才会听得进去。俗话说，"知子莫若母"，李改母亲对我的一番真情告白被我牢牢记住了。因此，我时时刻刻小心应付，生怕自己言语重了伤了李改，又生怕自己眼神凌厉了吓着李改。每天还主动套近乎，比如拍拍他的肩膀啊，摸摸他的头啊，心里再不愉快，对他都笑吟吟的。可是，效果几乎等于零。李改依然故我，上课不听课，甚至连书都不拿出来，更不要奢望他完成作业。我在一旁观察李改，又觉得他不像那种心理有疾病的孩子。

昨晚晚修时，要求学生做作业，我在讲台上批阅练习册。拿到李改的作业，一看，惨不忍睹。首先是字迹潦草得难以辨认，其次是留了许多空白。再看弓弓的作业，和李改的相比，简直是天壤之别。于是，我把弓弓的作业本拿下去叫李改对照着看看，李改也没反驳，伸手接过弓弓的作业便回到了座位上。我继续批阅作业，偶尔抬头，看见李改用练习册盖着双手，还偷偷地关注着我的动静。我走过去，猛地把书一掀，李改竟然在作画，我伸手想拿过来，李改死死按住。我使劲一拉，拉了出来，只见书上面用钢笔画了一些乱七八糟的东西。我一下子气不打一处来，吼道，李改！你究竟要干什么？李改显然有点恼怒，瞪着我，眼睛里隐约闪出不满的光芒。我再也不想温言软语了，再也不想把自己装扮成一个慈祥的老奶奶了。我是教师，我有责任纠正学生的错误，我有权力履行我的教育职责！于是我和他对视着，疾言厉色地说，你看着我的眼睛！看着我的眼睛！你做对了吗？从开学到现在，你认真听过一堂课吗？你还有一个弟弟在这个学校读书，你是怎么做榜样的？你枉为兄长，你愧为人子！凭什么大家都要顺着你？凭什么？你说，凭什么？你今天好好看着我，说出个道道来！我言语如锋，根本不容李改有丝毫的喘息，李改终于收起了眼中的锋芒，悄悄地把头低下去了。趁他低头的时候，我又指着他说，今晚，回去睡觉，你把枕头垫高一些，好好想想你这段时间的所作所为！说完，我扬长而去。

其实，我早就想好好修理李改一顿了，只因他妈妈说他吃软不吃硬，所以才一直忍着。但通过我今天的观察，事实证明，李改并没有因为我的严厉指责变得一蹶不振，相反，他倒起了点变化。比如，问他事，他会回答了。上课提醒他，他会听课了。

由此，我想起一个词语——过度保护。或许李改就是因为家长的过度保护，他才把自己当作一只柔弱的小鸟，总以为别人会迁就他、宠着他。

至于尤玖，只要提起他，没人说他一个"好"字。其实，只要稍微用心一点，就知道尤玖坏的只是行为，而非心地，但是，别人评价他时，只是看他的外在行为啊！然后又通过尤玖的外在不良行为来评价我的班级。这样的评价的确有失公允，但我又有什么必要去解释和申辩呢？我能做的，就是帮助尤玖规范自己的言行。一个言行不规范的孩子，长大后很容易违法。就以最近两天来说吧，尤玖下课时最喜欢东跑西跳，拿个矿泉水瓶子在别人头上打来打去。他说他这是开玩笑，他实在也是觉得自己在开玩笑，但别人不以为他在开玩笑。他每每拿矿泉水瓶子打下去，对方便恼怒，但碍于他的蛮横霸道，只是敢怒而不敢言。对于此事，我劝解了尤玖若干次，但他依然故我，毫无悔改之意。

机会终于来了，该是我修理他的时候了。

第二节晚修下课，尤玖拿着矿泉水瓶子在后面疯狂地舞动，仿佛一个劲舞团成员。一会儿在这个头上敲敲，一会儿在那个头上拍拍。我厉声叫他停手。他竟然一脸痞子相，说，我是开玩笑的，他们喜欢。我冷笑着说，是吗？然后把手伸向矿泉水瓶子。尤玖乖乖地把瓶子给了我。我右手紧紧握着瓶子，笑吟吟地向尤玖轻拍过去，说，让我开个玩笑。尤玖开初并没觉得我是笑里藏刀，还跟我涎着一张鬼脸。我笑着连续轻拍了几次，尤玖都没有什么不爽的反应，我不露声色，继续笑着，但力量已经凝聚在臂端，用矿泉水瓶子向尤玖的臂膀咬牙拍去（之所以打他的臂膀，是因为那里肌肉厚，不会伤到筋骨，我的目的无非是让他感受一下被打的滋味）。这一拍，尤玖被拍痛了。只见他眉毛立即竖了起来，黑着脸，极为生气。我把笑意退去，低沉却不失严厉地说，我这可是开玩笑啊！打痛了？你开玩笑打别人的时候，不也是这个样子吗？我可是跟你学的啊！然后将尤玖杵在那里，趁着铃声响起到八一班上课去了。

　　两个孩子，在沐浴了我的春风之后，领教了我的疾风骤雨，规矩了好大一阵子。这说明了什么呢？态度温和固然必需，但偶尔来一次疾言厉色的训斥也未尝不可。因为春风抚慰的只是小草，而疾风锻打的则是大树。

2. 教育，有时需要转个弯

> 当直行不通的时候，何不转个弯，
> 转弯之后，就是坦途！教育也是如此！

上午上课时，我看到刘喜旺很反常，情绪也很糟，正好孩子们任务完成得很好，于是我提前两分钟下课，留下刘喜旺谈话。谈了一会儿，我只知道他昨天下午在上计算机课时收到了一封来自上海的好朋友的邮件。而这封邮件就是影响他的心情的罪魁祸首。里面究竟是什么内容，刘喜旺说没有任何人可以帮他，所以不愿意告诉我。当然，我也不勉强他说出邮件的内容，只说等他想通了再说不迟。

转而搭着刘喜旺的肩膀柔声说，走，我们吃饭去吧。他温顺地点点头。然后，我搂着他的肩膀下楼。下楼的时候，刘喜旺说，我不是不想告诉你，主要是担心你告诉别人，就像我妈妈去世，我不想让别人知道一样。哦，我明白了，刘喜旺一定是责怪我说了他妈妈去世的事情。事实上，对刘喜旺的妈妈去世这件事，很多学生都知道，我最先也是从学生那里知道的，然后有学生问我，我也顺口承认了。既然刘喜旺不愿意别人知道，那我除了尊重之外别无选择。但我之前的侵权行为的确存在，于是我满含歉意地说，我不知道你介意这个，当有同学向我打探你妈妈的事情时，我的确说了，没有保护你的隐私，这是我的不对，我向你道歉，好吗？刘喜旺点点头。我继续搭着他的肩膀，说，老师只是想帮你，明白吗？有烦恼让别人分担，烦恼就会减少一半，心里就会很痛快，是吧？刘喜旺点点头，"嗯，嗯"地应着。分手的时候，刘喜旺说，老师，今晚告诉你，可以吗？我笑着说，由你决定吧。

来到餐厅时，生活老师气愤地告诉我说，陈伦、贾亮、尤玖三个人竟然把别人餐盘里的东西吃了，明明餐车里有，他们不去打，偏偏吃别人餐盘里的。这是小事，或许是因为他们看见李改、刘喜旺没到（这两个孩子不吃午餐是常有的事情），以为没人吃了，所以才吃的。这也不是小事，因为教育无小事，这些小事正可以折射出一个人的行为与品质，更能折射出一个班级、一个学校的精神内核。但是，如果我把这三人找来说教一番，不仅浪费唇舌，而且还会因小题大做而使得他们对我不满，尤其是陈伦，不知又要敌视我多久了。现在的孩子，说不得，批不得，不说不批更不得了，我该怎么办？

还是转个弯吧，若对这件事就此沉默，只怕姑息了他们，今后他们会更加放肆。下午正好有节班会课，我可以"借鸡下蛋"。

班会课上，我在黑板上写下：从细节处呵护别人的心灵——让别人因我的存在而幸福！

写完之后，我叫大家看着黑板读了一遍。然后微笑着说，这节课是班会课，但我想给大家说两个故事，希望有人能听出我的弦外之音。听说我要讲故事，气氛一下子就活跃起来了，下面有了小小的骚动。尤玖、王定改就出来维护秩序，叫大家安静。

我清了清嗓子，故意看了看中午那几个吃"霸王餐"的孩子，开始讲第一个故事：

  记得我读师范的时候，是20个世纪80年代末，生活还不算富裕。我跟你们一样是住读学生，一个月才有一次机会回家。学校的伙食很差，我们又正逢长身体的时候，总是吃不饱。

  我还清楚地记得，那天很冷，早晨的霜把地染白了，我只吃了个冷馒头便上课去了。中午放学时，我的肚子饿得咕咕直叫，但是，我还有点事情没做完，必须待在教室里完成。于是叫我同桌帮我把饭打好，放在寝室里。可是，当我把事情做完，饿着肚子回到寝室时，我的饭菜没了，只有两个剩了几粒米饭及剩了一些汤汁的碗。我顿时傻眼了，肚子也叫得更凶了，我心里委屈得要命，愤怒地问，谁吃了我的饭菜？没有任何人承认。我的心顿时凉到了极点，虽然闭着门，但我仍感到屋外的霜风吹得很猛，直把我冻得打哆嗦。天气是那么的寒冷，我的肚子从早晨到中午都是空的。正所谓"又冷又饿，日子难过"。饥寒交迫，委屈莫名，我伤心地坐在寝室里大哭了一场。

  已经过去了18年，可是这件事却如刀刻一般印在我的脑海里了。好多次同学聚会，看着满桌的杯盘狼藉，虽然大家热情地推杯问盏，但我的脑海里总是不合时宜地跳出那两个沾满米粒和汤汁的空碗。而只要眼前浮现出那两个空碗，我的心里便有一种隐痛袭来。

第二个故事是关于我儿子的：

去年，我有个朋友庆贺生日，排场很大。那个朋友很阔绰，为每家小孩都准备了红包。可是，发红包的时候，其他小孩都发了，唯独没发给我儿子，而我儿子恰好就与那些得到红包的小孩在一起。如果说是我的那位朋友忘记了，那她怎么还惦记着当天缺席的小孩，并且请人捎带了红包呢？我儿子很伤心，我也很伤心，这不是红包的问题，这是尊严的问题。这太欺负人了嘛，都在那里坐着，别的都发了，干吗就不发给我家的小孩？

虽然伤心，但我还是劝慰我儿子别放在心上，或许我的朋友当时的确是糊涂了呢。一个糊涂的人，是没必要去责怪的。

我的故事说完了，听出什么意思了吗？

下面有孩子说，听出了。真听出了吗？我笑着问。然后偷觑着那几个吃"霸土餐"的孩子。贾亮最惭愧，整个头都低到桌肚里去了，尤玖也一脸尴尬，只有陈伦不露声色。不过不要紧，三个孩子，至少有两个孩子明显地流露出了惭愧之色。陈伦有没有受到震动不要紧，只要他的良心在，终有被震动的时候；如果他没了良心，我不管变什么花样，对他都不起作用！

那好，既然你们都听懂了，我也就不啰唆了。现在，球场上八年级正在比赛呢，你们去观看吧。不过，记住哦，明天下午，就是我们班雄起的时候了！我笑颜如花，把他们一个个目送出去了。

3. 教育，不是每一件事都需要说理

> 教育孩子，我不主张强势，更不主张体罚，但我以为直抵心灵的震撼是必需的。

今天孩子们在月考，很忙。按常理来论，忙碌会占据孩子们的剩余时间，也会消耗孩子们的旺盛精力。可是，虽然忙碌，却还是有人没有按牌理出牌，竟然忙中偷闲，惹是生非。这个人便是田心。

田心插进"奋进班"也就一个多月。据我观察，他的内质应该是一颗珍珠，可惜，这颗珍珠外面包裹着厚厚的泥巴。他脑子灵活，一听就懂，但就是不听，所以成绩只在末流徘徊；他喜欢打篮球，但球技一般般，还经常篮球不离手，屡次在教室里玩篮球，惹得大家怨声载道；他性格活泼，但往往玩笑过度，惹恼了别人；他大胆、不怕人，但却是一副呼来喝去的腔调；他长相帅气，但特别不爱干净整洁，桌面凌乱，桌椅散乱，满身是汗，还不愿洗澡……

他就像一个被惯坏了的孩子，一身的痞子气。别看他小小年纪，可不论是谁，他都不放在眼里。

一个人，可以不把困难放在眼里，可以不把打击放在眼里，可以不把疾病放在眼里，但必须学会把别人放在眼里。像田心这样的孩子，家境比较优渥。如果我现在不教会他容人、尊人、爱人，那么今后他会不会善待别人就更不好说了。

话说回来，田心今天究竟惹了什么是非呢？

据孩子们讲，午休时，田心不经大胖（安靖）同意，打开大胖的柜子，拿了一袋食品（明天学校组织春游，每个孩子都准备了许多小零食）出来吃。大胖找他论理，他不但不认错，还"钱霸"似的从口袋里甩出两块钱扬长而去。大胖受此大辱，难过至极，却又因憨厚木讷，只得把气往肚子里吞。许多孩子看不过眼，纷纷指责田心。田心瞬间成为众矢之的，但他并未服软，反而言之凿凿、铿锵有力地为自己辩解。

听了孩子们的叙述，我当然很气愤。心想那田心不过十二三岁，就仗着自己家里有钱，在同学们面前耍大少爷脾气。如果不制止的话，只怕今后他会骑在每个同学的头上。

看到田心进了教室，满脸的阳光，脸上还洋溢着舒心的得意，我笑着叫道，田心，请你到讲台旁边来一下。我特意把"请"字加重了音。因为田心对老师说话一直都是用命令的语气——老师，你过来！田心听到我叫他，笑嘻嘻地过来了。我一字一顿地说，今天中午，你未经安靖同意，开了他的柜子，拿了一袋食品吃，是吗？田心拧着头发，毫不在意地笑着点点头。安靖找你说理，你甩了两块钱给他然后扬长而去，是吗？田心毫无惭愧之色，仍然笑着点点头。

我顿时气血翻涌。这样的行为，如果我再宽容，那我就不是真厚道了。

正好这时曾德亮交来40块班服钱。我扬着那40块钱，牙一咬，面带寒霜，厉声道，田心！把你身上这件衣服脱下来，我给你40块钱！随着话音落地，我的手也迅速伸了出去。田心没想到我会翻脸不认人，动真格的，吓得赶紧环抱双臂告饶道，不要，不要，我不愿意。我没停手，还朝身边的曾德亮一吼，曾德亮！帮我把他的上衣脱下来，我要强买！曾德亮非常配合，马上就伸手去提田心T恤的下摆。田心顿时吓得眼泪吧嗒吧嗒地往下掉。我看目的已达到，就示意曾德亮回到座位上。然后对着田心厉声道，你以为你有钱？我告诉你，它是你父母的血汗钱，它不是你的！你用两块钱就买断了别人的尊严，现在我用40块钱买断你的尊严，你为何不卖？田心没了以往的放肆，不停地哭。说实话，我也是母亲，孩子与他一般大小，看他那样伤心，心里也不是滋味。但如果我不咬牙帮田心去掉身上的泥巴，他永远都不可能成为珍珠。

等田心的情绪稍微平静了一些，我抬起他的下巴，直视着他那眼泪汪汪的眼睛，严厉地说，"尊重"两个字不会写，总会读吧！我告诉你一个放之四海而皆准的真理——钱买不到别人对你的尊重！要想别人尊重你，你唯一的选择就是尊重别人！说完，我断喝一声，回到座位上，好好思量！

我不知道我这"以其人之道还治其人之身"的方法会不会有效。但我如果不借这个题来发挥的话，我敢肯定，田心会越来越嚣张的，因为他会以为他为所欲为的行为得到了我的默认与支持！

　　教育孩子，我不主张强势，更不主张体罚，但我以为直抵心灵的震撼是必需的。可以这样说，我今天若温和地给田心说半天道理，他转身就会忘掉（之前的种种已经做出了证明），并且不会去践行。但对我今天的凌厉声势以及略微有点蛮横的动作行为，他绝对是难以忘怀的。这件事就像一块火炭，不停地烙着他，提醒他今后遇到类似的事情时该怎么做。

4. 教育，有时也需要感情"挂帅"

> 很多时候，孩子的不满、委屈，甚至抵抗，纯属一种感情的发泄。因此，教师也可以感情"挂帅"，以情动人，以情感人，甚至以情撼人！

一进教室，靳灵儿就拿出一张早报，说一些品牌的液态奶也存在问题，于是大家议论纷纷，说从此没奶喝了，要断奶了。

议论了一阵后，生活老师抱着液态奶来了，悄悄地放在教室门口。因为网上的报道、报上的新闻、大家的议论，我心里也有点担心，也就没提醒生活委员到门口收牛奶。

上完八一班的课再到教室里，立即被围了个水泄不通。大家纷纷说道，我们的牛奶不见了，我们没喝着牛奶。我不解，说，牛奶不是放在门口吗？谁会悄悄拿走呢？谁会对牛奶感兴趣呢？大家说不出个所以然，纷纷指责吴其，说吴其不负责任，害得大家没奶喝。吴其气冲冲地反驳道，喝什么呢喝？牛奶都有问题了。贾亮人高马大，声音高亢，吼道，你不喝我们要喝，牛奶不见了，你就是有责任！其他同学也跟着附和，就是嘛，我们还要喝呢，再说了，我们这个液态奶不一定就有问题。想想也是，明明牛奶拿到了门口，怎么会突然不见了呢？谁有那么大胆子敢在青天白日里偷牛奶呢？想不明白，也无从查找，于是说道，按说呢，吴其的确有责任，生活委员嘛，就是协助生活老师发放牛奶的。

吴其心地淳朴，人也勤快，但是性子比较倔，大家纷纷指责他失职，他气得脸都歪了，现在我又说他有责任，更是气得满脸发黑。

不就是没喝成牛奶嘛，再说了，这些天一些品牌的液态奶也闹得沸沸扬扬的，没喝成不正好免了心里的不安吗？我劝说了几句，大家也就安静下来。至于吴其，我以为他虽然倔，但也算明理，大家说几句闹心话也无关紧要，所以没做理会，退出教室忙其他事情了。

下午，生活老师告诉我，说牛奶没有丢，是她抱了回去，说是学校临时通知，要检测。

这么说来，我们大家都冤枉了吴其，尤其是我这个班主任，做事粗枝大叶，竟然没做调查就跟着学生盲目发言。吴其会不会想不通呢？他心里是不是很委屈呢？受到全班同学的指责时，我不但没有帮他，反而跟着大家一起责备他。想着想着，心里竟不安起来，我花了多少时间才把孩子团结在我的周围啊，可是就那么几句话，我就很有可能会把信任我的孩子推向了别处。

晚修时，我背着笔记本进了教室，吴其不再像以前那样跑到讲台上来看我的电脑，更没有像以前那样斜倚着我，而是眉头紧皱，满脸黑霜，从座位上冲上讲台，把一张纸条塞在我的粉笔盒里，一声不响，转身回到了座位上。我很惊讶，拿起纸条一看，竟然是一份辞职报告。

吴其真的受了内伤，伤得不轻，而我就是真凶。我看了纸条，没做任何表示，只是当着全班孩子说，今天，我们大家都冤枉吴其了，牛奶是生活老师抱走的，学校为了大家的安全，要进行专门的检测，检测合格后大家才能饮用。学生听了"哦"的一声，说，原来是这么回事啊。我又说，今后，我们无论发表什么言论，在没有调查出事实真相时都不要主观臆断地发表意见，好吗？大家均无异议，于是上课。

下课后，我想，吴其辞职究竟是因为什么呢？如果说他不想当班委干部，为什么最初不推辞呢？既然想辞职，为何早不辞晚不辞，偏偏等到出现牛奶事件之后才悍然辞职呢？他的这个辞职书我批不批呢？想来想去，我以为此时不可以批准吴其辞职！

因为我突然想起一个学生写给老师的信，说她有次遭到打击，生气了要辞职，结果老师不但没有安慰鼓励她，反而欣然同意。这个"欣然同意"让她从此在班级里没了地位，由此一蹶不振，最后，由一个积极健康的学生变成了一个消极颓废、尖锐偏激的学生。

我找来吴其，首先给他道歉，然后告诉他我不会在这个时候批准他辞职，并且给他分析了此时辞职对他的害处，但吴其很执拗，一定要辞职。

我费了好大一番唇舌，说了很多利弊，但吴其就是一句话：我不干了，我要辞职。

他究竟为什么要辞职呢？说来说去，就为两个原因：其一，大家因为牛奶事件冤枉了他，这是最主要的。其二，有些同学说他当了干部得意洋洋。这么说来,吴其辞职纯属情感发泄。既然这样,说道理是没多少用的。既然他是情感发泄,我也可以来个情感"挂帅",以情动人啊。

于是我牛气哼哼,说,好!我批准你辞职!不过,我告诉你,从此以后我不会再到你家走动!我这次到海南,受你父母诸多恩惠,我很感激,我是一个懂得知恩图报的人,但我没有钱财报答,所以只能把我的知识、我的理念奉献出来,以报答一对打工夫妇对孩子的希冀。说到这里,我看见吴其在抹泪水,看来我这一招说到他心里去了。我马上巩固道,这一个月来,你和点点(我儿子)朝夕相处,我心里已经把你当我儿子了,可是你呢?你把我当什么了?说到这里,吴其已经哽咽了,说道,我不辞职了。

呵呵,不辞职了,那就算了,还说什么呢?小孩子嘛,遇到不顺心的事,使使性子也可以理解,只是老师一定要看清孩子心里的想法。如果你以为他真想辞职,那就错了。他要的不过就是支持和安慰。

5. 教育，是一场持久战

> 教育就是这样，犹如打仗，要一个阶段一个阶段地打，只要愿意打持久战，最终还是会赢的。

周四下午的课外活动（我在参加会议，孩子们自由安排），尤玖伙同学习委员王春、小组长吴胜翻墙而出，在外面逍遥了一个多小时。周五我装作什么都不知道，看他们有何动静，结果他们也装作什么都没发生。对尤玖翻围墙，我一点儿都不惊讶，这是他表演过多次的"绝活"；对吴胜翻围墙我也不吃惊，因为他这个插班生只装了两周，便装不下去了（另外三个插班生一直都保持着原样，但愿那是他们的本来面目或者他们已经弄假成真了）。至于王春，则让我大跌眼镜，不得不引起高度重视了。因为王春还没这样的前科，并且他的家庭教育很好，又是我寄予厚望的学习委员，他怎么也跟着一起翻围墙呢？

放了几天羊，今天该是"赶羊回家"的时候了。尤玖，是"惯犯"，再晾晾又何妨？吴胜，我让他从王春口中探听消息，让其内心恐慌一阵有何不可？王春，我可要及时制止，让他赶紧悬崖勒马。

我找来王春，问道，知道我找你是为什么吗？王春摸摸头，故作不解地说，不知道。我笑着说，首先我想问的是，作为学生，对老师你一般是说真话还是假话？王春还是蛮诚实的，说，如果犯错了就说假话，如果没错就说真话。那么，一直以来你对我说的是真话还是假话？我笑着问。王春答，说的是真话。我笑了，故意不解地问，为什么？因为我一直相信你，王春解释道。那好，我想问你个事，你自己决定说真话还是说假话，我说。

周四下午第四节课你到哪里去了？说真话还是说假话由你决定，我笑着说。王春习惯性地摸摸头，说，到万福东海龙宫吃饭去了。怎么去的？我追问。翻围墙去的，王春低下头，小声地回答。我呵呵一笑，说，哦，吃饭啊，这很正常啊，学校的饭菜吃久了，吃腻了，换换口味很正常嘛，可以理解。王春看我满口理解，竟然笑起来，身体也放松了。我诡笑道，不过，我很想打一个不雅的比方，比如你一个人在自己觉得很安全的地方，脱得一丝不挂地又唱又跳，突然，你发觉你的周围竟然有无数双眼睛在透过一些小孔窥探着你，你觉得是一种什么感受？王春很吃惊，顿了顿，说，很难堪，也很害怕。我笑了，赞道，悟性蛮高嘛，那么你想一想，周四下午你伙同尤玖、吴胜正在愉快地放松，自以为很安全地翻围墙的时候，却有好多双眼睛在远远地透过树叶看着你们，你还有成就感和安全感吗？王春很吃惊，急忙问，有人看见了？我两手一摊，笑道，若没人看见，我怎么会知道？难道我是神仙，能先知先觉？

王春顿时脸红筋胀，不作声了。我看时机已到，便严肃地说，我也不想把这件事扩大，扩大了对你这个学习委员并非好事，它会严重地降低你这个班委干部的威信，不过，我警告你，有些错误只可以犯一次，再犯，就没有创意了，当然，也不再适合做班委干部了。王春没了之前的笃定，低声保证道，再也不犯了。

放走了王春，我心想，明天，得好好找个时间开开班委会了。至少，要在班委团队通报王春的事情，也想借此告诉其他班委干部，犯错是可以原谅的，但是，反复地犯同样的错误，那是不可原谅的，也将会被"请出"班委这个团队！

至于尤玖、吴胜，暂时我不打算找他们。因为我相信王春一定会代我传话，就让他们忐忑不安地瞎猜几天吧。心怀忐忑，未必是坏事，起码，他们会有所顾忌：（1）他们犯了错怎么老师都知道了呢？（2）他们翻围墙时竟然有无数双眼睛透过树叶在偷窥，这简直是超级郁闷的事情。那么，今后，是不是要小心为妙呢？教育就是这样，犹如打仗，要一个阶段一个阶段地打，只要愿意打持久战，最终还是会赢的。

6. 教育，是需要等待的

> 当孩子沉浸在自己的世界里而忘记了外界的时候，是需要提醒的；当孩子的心灵还在蜷缩的时候，是需要时间来等待他的心灵舒展的。

刘喜旺一直是一个让人很操心的孩子！

第一，他始终没有养成听课的习惯。如果老师介意他的听课状态，那简直是一种自我折磨。他虽然不会干扰老师讲课，也不会干扰同学听课，但是，他总是不停地玩小东西，然后沉浸在自己的世界里。当老师轻轻呼唤他的时候，他才会"哦"的一声醒过来，仿佛是一个熟睡的孩子刚刚被唤醒，惺忪着睡眼，慢慢地低头寻找自己的教材。当老师转身到讲台上时，他又沉浸到自己的世界里去了。

第二，时至今日，他没真正完成过一科作业。尽管老师就像催债的穆仁智一样催得发狠发紧，但他完全置之不理。他不交作业除了因为在学习上懒惰之外，还因为他没法集中精力听课，因此难以完成作业。

第三，他喜欢吃小零食，尤其喜欢棒棒糖。

从他的玩具和吃食来看，他的心理年龄小于时序年龄。很多时候，他的举动如同一个六七岁的幼儿，可是他的大脑发育却并不落后于他的时序年龄。因此，他明知自己的做法不正确，但总是没有能力去改变。有时他自己也苦恼，甚至悲观地认为自己改不掉了。

要说刘喜旺的品质，那是相当的纯良，在班上两个月，他的口碑越来越好，并且多数同学都反映说他进步了，比如：

（1）向刘喜旺借东西不再收费了。

（2）脾气比以前温和多了，没有以前那样尖锐了。

（3）上课讲话少了。

（4）不辱骂女生了，女生有困难时他能及时地、无私地帮助。

（5）被老师点名批评的现象减少了，作业能部分完成了。

（6）能坦然地承认错误了，不再像以前那样狡辩了。
（7）为班级办事越来越积极了。
（8）不像从前那样招惹别人了。

尽管刘喜旺表现出来的优点越来越多了，但是，他上课时当局外人的现象仍然很严重。因为当了局外人，所以作业也没法完成。长此以往，对他绝无好处。一个孩子，总不能长期地不听课吧，真要这样，他在学习上所欠的债务将会越来越多，并且知识还会形成断层，今后补救也很困难。那么，我该如何来帮助刘喜旺呢？

首先，端正教师的心态。一个教师，要有等待的耐心。不是每个孩子都会顺着规律成长。当有些孩子违背了成长规律时，我们除了接受、等待之外，别无选择。

其次，分析原因，对症下药。刘喜旺不是不想听课，而是无法控制自己好玩的心性。对待这样的孩子，不可粗暴简单，一旦粗暴待之，他便会将自己的心灵蜷缩起来，然后躲在自己为自己打造的厚厚的茧壳之中。因此，我得拿出数倍的耐心和爱心，时时对他进行温馨的提醒。哪怕提醒会重复成百上千次，哪怕提醒根本引不起半点涟漪，我还是会不厌其烦地进行提醒。我相信，当孩子沉浸在自己的世界里而忘记了外界的时候，他是需要提醒的。我也相信，当孩子的心灵还在蜷缩的时候，是需要时间来等待他的心灵舒展的。

张文质老师说过，教育是慢的艺术。其实，教育又何尝不是一门等待的学问呢？像刘喜旺这样的孩子，教师如果不包容他，不等待他逐渐长大，是不可能听到他心灵的琴键按出的美妙的音乐的。

有一天，当刘喜旺的心灵能流淌出美妙的音符时，我相信，他就真正长大了，苏醒了，那个时候，他会跳起来奔跑的。而以刘喜旺的智商，他真要奔跑，又有几个人能追赶得上呢？

后　记

《治班有道——班主任智慧手册》一书在2020年版权就到期了，原本想，到期了那就算了吧，谁买到最后一本，谁就拿到了绝版本。不承想，这两年，很多网友都在询问我，为何这本书很难买到了？甚至还有学校的老师说，学校领导明确要求读这本书，他们逛了好多网络书店，也跑了很多家实体书店，就是买不到这本书。如果实在要买，只能上网买影印版的书了，但他们心里又很不情愿。既然老师们需要，那就续约重印吧。我自己写的书，即使过了十来年，还是非常有信心的。这本书放在现在，里面的故事仍然鲜活，教育理念也仍然紧跟时代，甚至在当时，我的教育理念还有超前意识。也就是说，我在十多年前，甚至更早的时间里，就自觉地把立德树人作为教育的根本任务，就在力图培养德智体美劳全面发展的社会主义建设者和接班人；就破除了"唯分数"的评价方式，在进行结果评价的同时，对学生采取了过程评价、综合评价、多元评价，甚至还采用了更先进的增值性评价，这些积极的评价方式极大地激发了学生的上进心。那些毕业了一二十年的学生都对我充满了感激之情。

很多网友都知道，我从海南回到四川修整了一年，又背起行囊再一次进行教育的远行。这一次远行，我独自一人从四川来到了深圳。

在深圳的十来年，我从一名籍籍无名的农村女教师，成长为广东省名班主任，以及广东省第三批名班主任工作室主持人，2019年，我还喜提"全国优秀教师"的荣誉，2020年被深圳市人社局认定为"深圳市地方级领军人才"，2022年又获得了深圳市基础教育系统的"年度教师"荣誉称号。很多人都羡慕我，并说我简直就是自带锦鲤体质，在深圳这个人才遍地的地方，竟然能够超过N多高学历人才跻身高端人才的行列。

我承认我是一个运气超好的人，我也经常扪心自问，我为何会有这样的好运气呢？

首先，我喜欢读书。这个爱好从我中学时代就养成了。我记得读师范学校的时候，很多同学都认为我们是一群毕业就接受国家分配的老师，何必要努力读书呢？我的想法不在此，我读书与是否能毕业、是否能包分配无关，我只是单纯地喜欢读书。我觉得读书是一件幸福的事情。我能感受到读书读到共鸣时，有一种从头到脚的幸福感。因此，所有的课余时间，我都把自己泡在书堆里。我是一个死读书的人，为此，音体美全都荒废了。青少年时期时间多，记忆力强，精力旺盛，海量的阅读为我工作以后的教育写作奠定了扎实的基础。

其次，我喜欢干活。我是一个一刻也闲不下来的人。教书育人三十多年，我依然眼里有光，心中有爱，手上有活，脚下有力。我很小的时候，母亲就对我说，不怕慢，就怕站，不论什么事，不管干得成，干不成，只要在你的眼睛里，或者脑子里出现了，你就去干。我不仅喜欢干活，还喜欢动脑筋干活，也就是在干活之前我会进行全方位的评估，选择最合适的方法，提高效率，增强效果。因此，不管是教学也好，带班也罢，就算什么经验也没有，我相信凭借自己的这份聪明和勤奋劲，也会比同级的老师干得好。再加上我还是个爱读书、爱动脑的人，自然也就获得更多的成长机会。

最后，我喜欢写作。我身边有许多实干家，不论是教学，还是带班，都做得很漂亮，但就是得不到自我发展的机会。为什么呢？我发现他们都有一个共同点：只干活，不反思；只说话，不留痕；只争取，无成果。一个教师，不论你干得多好，你不写教育反思，不把自己的教育教学经验物化为成果，就只能在自己的学校开出几朵小水花，根本不可能向外产生较大的影响。甚至我还看到很多老师年轻时凭着一股热情，干得确实不错，但随着年龄的增长，不论是教学，还是带班，都越来越差。

这些年我笔耕不辍，截止到现在，出版教育专著近20部。我在华东师范大学出版社出版了这本《治班有道——班主任智慧手册》，还有《我的母亲不是神》《做个能说会做善写的班主任》。我的"男女生青春课程"，也交由华东师范大学出版社策划，将于2023年正式出版。这本书的最大作用就是为青春期的学生提供成长范式，为一线班主任解燃眉之急。

最后我想说的是，我之所以常常有好运气傍身，与我把教育工作当作爱好来享受的心态有关。

祝每位力求上进的班主任越努力，越幸运！

图书在版编目（CIP）数据

治班有道：班主任智慧手册/钟杰著. —上海：华东师范大学出版社，2010.6
　ISBN 978-7-5617-7816-6
　Ⅰ.①治… Ⅱ.①钟… Ⅲ.①班主任—工作—手册 Ⅳ.①G451-62
中国版本图书馆 CIP 数据核字（2010）第 100119 号

大夏书系·全国中小学班主任培训用书

治班有道——班主任智慧手册

著　　者	钟　杰
策划编辑	李永梅
文字编辑	杨　霞
装帧设计	大象设计
出版发行	华东师范大学出版社
社　　址	上海市中山北路3663号　邮编200062
电话总机	021-62450163 转各部门　行政传真 021-62572105
客服电话	021-62865537（兼传真）
邮购电话	021-62869887
门市地址	上海市中山北路3663号华东师范大学校内先锋路口
网　　址	www.ecnupress.com.cn
印 刷 者	北京密兴印刷有限公司
开　　本	700×1000　16开
印　　张	15.5
字　　数	200千字
版　　次	2010年7月第一版
印　　次	2025年1月第十二次
印　　数	41 001-42 000
书　　号	ISBN 978-7-5617-7816-6/G·4547
定　　价	45.00元
出 版 人	王　焰

（如发现本版图书有印订质量问题，请寄回本社市场部调换或电话021-62865537联系）